Gottesdienst mit Kindern draußen

Eva Brunken

Gottesdienst mit Kindern draußen

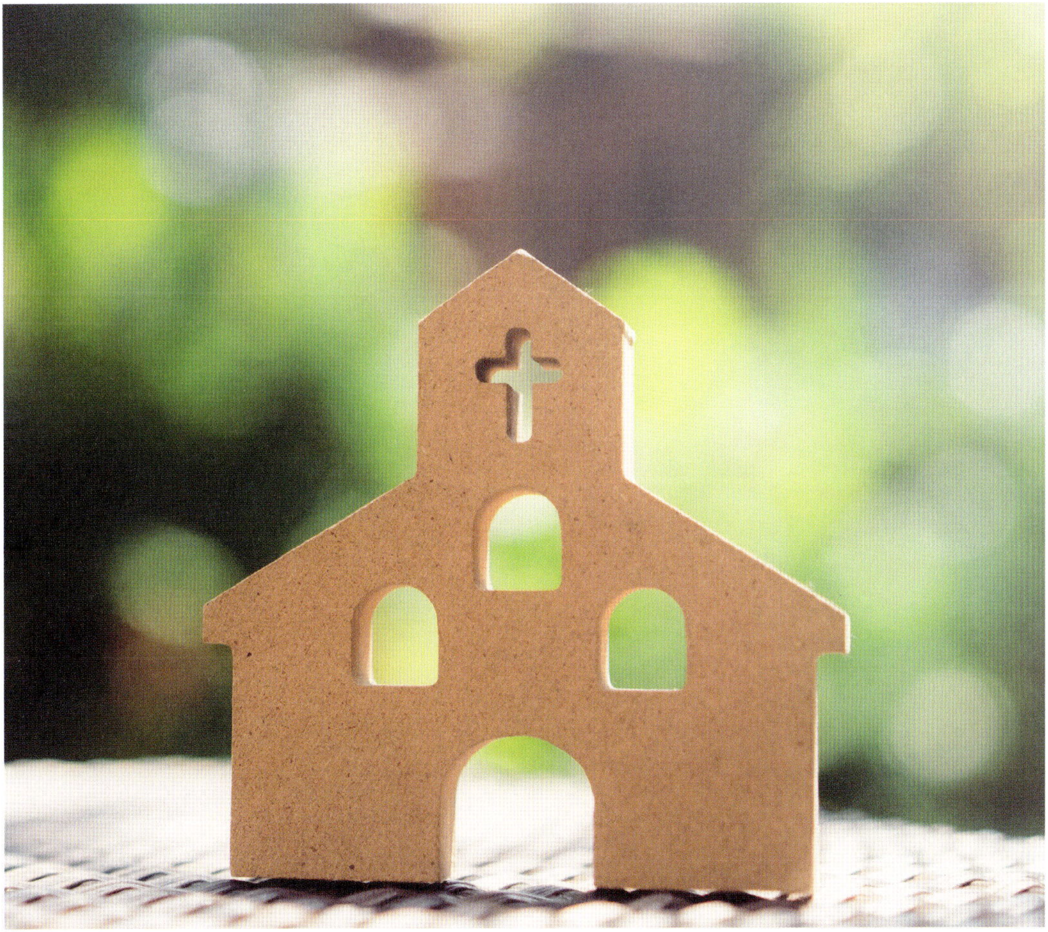

Gerne nehmen wir Ihre Anregungen, Wünsche, Kritik oder Fragen entgegen:
Verlag Junge Gemeinde, Postfach 100355, 70747 Leinfelden-Echterdingen
E-Mail: vertrieb@junge-gemeinde.de
Telefon: 0711-99078-0

Bibliografische Informationen der Deutschen Nationalbibliothek
Die Deutsche Nationalbibliothek verzeichnet diese Publikation in der Deutschen Nationalbiografie, detaillierte bibliografische Daten sind im Internet über http://dnb.d-nb.de abrufbar.

1. Auflage 2024

Umschlaggestaltung: Finken & Bumiller, Stuttgart
Gestaltung und Satz: Olschewski Medien GmbH, Bad Ditzenbach

Druck und Bindung: Finidr s.r.o., Lípová 1965,
737 01 Český Těšín, Tschechische Republik
Verlag: Verlag Junge Gemeinde E. Schwinghammer GmbH & Co. KG,
Leinfelden-Echterdingen

junge-gemeinde.de
ISBN 978-3-7797-2172-7

Inhalt

Hinweis: Lila Strich und kursiver Text beinhaltet Ideen für längere Gottesdiensteinheiten. Gerne können diese Vorschläge aber auch in einem normalen Gottesdienst mit Kindern draußen verwendet werden.

Zur schnellen Orientierung

Die Kinder und das Thema

Erzählung

Info und Wissenswertes

Lieder

Liturgie

Mit Kindern ins Gespräch gehen

Zum Text

1. Vorwort

Ob Andachten in der Stadt-Kita und in der Grundschule oder Kindergottesdienste in der ländlichen Gemeinde – all das kann auch draußen in der Natur gestaltet und gefeiert werden. Dazu braucht es nicht einmal die „Wildnis“ eines Waldes. Auch ein Pfarrgarten, ein Stadtteilpark oder eine unbebaute Brachfläche vor Ort sind Natur, und es gibt erstaunlich viel zu entdecken. Das Modell **Gottesdienst mit Kindern in der Natur** bietet dafür den liturgischen Gestaltungsrahmen.
Die Rituale und Elemente dieses Gottesdienstes bringen Kinder in Berührung mit Gottes Schöpfung und den Mitgeschöpfen, mit Tieren und Pflanzen, mit Sonne, Wind und Regen. Denn dieser Kindergottesdienst findet draußen statt – das ganze Jahr hindurch, bei jedem Wetter – ausgenommen Sturm und Gewitter.

Die Kinder entdecken Gottes Liebesgeschichte mit den Menschen und der gesamten Schöpfung. Und sie **erleben die biblischen Geschichten** dort, wo sie sich meist zugetragen haben: in der Natur. Lieder und spielerische, kreative, erforschende oder sinnes-orientierte Entdeckungstouren vertiefen die biblische Geschichte.
Die Kinder können sich selbst als Gottes geliebte Geschöpfe inmitten von Gottes geliebten Geschöpfen erleben. Als Teil von Gottes Liebesgeschichte, in der sie mit allem Platz haben – Angst, Traurigkeit, Hoffnungslosigkeit oder Wut genauso wie Freude, Glück, Ausgelassenheit und Vertrauen.
Und auch die Gefährdungen und die Not der Schöpfung und der Menschen kommen in den Blick und zur Sprache. Und gemeinsam finden die Kinder kreative Antworten auf die Frage, was sie tun und geben können.

Der **Gottesdienst in der Natur** lässt die Kinder **erlebnisorientiert** anknüpfen an ihren natürlichen und religiösen Ursprung. Sie können sinnbildlich ihre Wurzeln ihrer Quelle – Gott – entgegenwachsen lassen und voller Vertrauen draußen mit Gott unterwegs sein.

Dieses Buch nimmt dich im ersten Teil mit hinein in einige theologisch-religionspädagogische und umweltpädagogische Grundüberlegungen zum **Gottesdienst mit Kindern draußen.**

Hier werden praxisnahe und erprobte Liturgiebausteine vorgestellt, mit denen eine regelmäßige Vorbereitung und Gestaltung der Gottesdienste durch das Jahr hindurch im Team gut gelingt.

Im zweiten Teil leiten dich acht übersichtliche Vorschläge für monatliche Gottesdienste durch die vier Jahreszeiten und durch das Kirchenjahr.
Vier weitere komplette Gottesdienstvorschläge stehen zum Download zur Verfügung. Nutze dafür einfach den QR-Code auf Seite 155.

Los geht es im Frühling, der mit Sonnenschein, Wärme und neu aufblühender und grünender Natur einlädt, endlich die Tage wieder draußen zu erleben und zu genießen. Also genau der richtige Zeitpunkt, um einen regelmäßigen Gottesdienst mit Kindern in der Natur zu starten.

Eva Brunken

2. Einführung

Mit Kindern einen Gottesdienst in der Natur zu feiern, ist für viele eine neue Idee und doch ist sie so naheliegend: die allermeisten Kinder sind gerne draußen in der Natur. Sie lieben es, auf Entdeckungstouren zu gehen und das kennenzulernen, was sie noch nicht kennen. Sie schwelgen förmlich im Reichtum von Gottes Schöpfung. Sie suchen Kontakt zu Tieren und Pflanzen. Keine Pfütze, kein Matschloch scheint vor Kinderfüßen sicher. Sie sind erfahrungshungrig und wollen das Lebendige berühren.

Dieser Lust auf Gottes Schöpfung geben die Gottesdienste in der Natur Raum und verbinden sie mit der Entdeckung biblischer Erzählungen. Wir bringen die Erzählungen aus dem kostbaren Buch der Bibel mit dem kostbaren Buch der Schöpfung miteinander ins Spiel. Und es entsteht ein Gottesdienst, an dem alle auf ihre Weise teilhaben und mitwirken: die Kinder, die Teamer*innen, eventuell Eltern und andere Erwachsene, das Wetter und die Wesen der Natur.

Der **Gottesdienst mit Kindern draußen** ist ein **Gottesdienst für und mit Kindern im Grundschulalter.** Sie sind die zentrale Zielgruppe. Und gleichzeitig liegt es sehr nahe, dass Kinder ihn gemeinsam mit ihren Familien, mit ihren Eltern, Geschwistern oder Großeltern gemeinsam feiern und erleben, z. B. in Form eines Familien- oder Generationen-verbindenden Gottesdienstes. Somit bietet sich diese Form für die verschiedenen Altersgruppen, Settings und Anlässe an.

Sei mit deinem Team mutig und experimentierfreudig und passt die Gottesdienstentwürfe frei eurer Situation vor Ort und euren Wünschen an.

Der Weg ins Leben

Kinder sind auf dem Weg, sich ihre Welt anzueignen und Bindungen zu ihrer Welt aufzubauen. Besonders intensiv vollzieht sich diese Entwicklungsleistung in den ersten Monaten und Jahren ihres Lebens. Ihre engen Bindungspersonen – Eltern, andere nahe Verwandte und auch die Teamer*innen in Kindergottesdienst, Kita oder Grundschule – sind für die Kinder die wichtigsten Vorbilder für ihr Sein in der Welt. Mit ihnen erleben sie im besten Fall bedingungsloses Geliebtsein und Beschütztwerden einerseits und andererseits die Ermutigung und Wertschätzung, ihre eigene Kreativität und Selbstwirksamkeit zu entwickeln.

Die Natur kann dabei eine wertvolle Unterstützung für die kindliche Entwicklung bieten, besonders wenn die Bindungspersonen der Kinder sich ebenfalls gerne in der Natur aufhalten und mit ihr positiv verbunden sind. Vor allem im freien Spiel in der Natur (ohne Vorgaben oder vorgefertigtem Spielzeug) entwickeln Kinder wertvolle Kompetenzen und kommen miteinander und mit den Mitgeschöpfen in Berührung.

Wissenschaftliche Studien belegen, dass sich Naturaufenthalte und vor allem Aufenthalte im Wald positiv auf die mentale und körperliche Gesundheit auswirken. Stresshormone werden effektiv reduziert und die Fähigkeit zur Entspannung erhöht, indem sich die Hirnaktivität verringert. Die psychisch-emotionalen Belastungen haben seit der Corona-Pandemie in der Altersgruppe der Kinder stark zugenommen. Die derzeitigen Krisenlagen und die deutlich sichtbaren Herausforderungen durch voranschreitende Klimaveränderungen und Umweltzerstörungen wirken weiterhin intensiv negativ auf die Kinder ein. Allen tut eine regelmäßige Naturzeit in Kita, Schule und Freizeit gut. Doch für mental belastete Kinder, hochsensitive Kinder, Kinder mit Traumaerfahrungen, ADHS und anderen besonderen Bedürfnissen kann ausgiebiges Spiel und Sein in der Natur geradezu heilsam sein.

Eine mitwachsende Spiritualität

Bindungspersonen leben den Kindern alles vor – vom Umgang mit anderen Menschen, über ihre Haltung zur Natur, zu Pflanzen und Tieren, bis hin zu ihrer Beziehung zu sich selbst und zu Gott.

Der Religionspädagoge Anton Bucher beschreibt aus diesen vier Dimensionen des menschlichen Lebens heraus eine Spiritualität der vierfachen Verbundenheit. Er sagt, um eine Spiritualität, eine gestaltete Religiosität zu entwickeln, die einen Menschen von den Kindertagen über die Jugend bis in und durch ein langes Erwachsenenalter hindurch trägt und mit ihm mitwächst, brauche es die bewusste Entwicklung und Pflege dieser vier Verbundenheiten: Verbundenheit mit sich selbst, Verbundenheit mit den Mitmenschen, Verbundenheit mit der Natur und Verbundenheit mit einem göttlichen, transzendenten Wesen. In seinem Buch „Wurzeln und Flügel" gibt er viele unterstützende Anregungen, wie Kinder und Erwachsene besonders ihre Natur- und Gottverbundenheit miteinander erleben und stärken können.

Eine Spiritualität im Sinne Buchers ist für mich eine Spiritualität der liebevollen Verbindung zu mir, zu dir, zur Schöpfung und zu Gott. Sie ist eine Spiritualität, die mit Gottes liebenden Augen die Welt erblickt und als erstes und immer wieder neu, im Anderen und in sich selbst die ursprüngliche Schönheit sieht und liebt.
Eine solche mitwachsende und tragende Spiritualität zu entwickeln und zu fördern, dazu möchte dieses Buch mit seinen Gottesdiensten beitragen.
Die Gottesdienste in der Natur können sowohl das Vertrauen der Kinder in Gott als diesen Urgrund des Lebens, in Gottes Liebe und Begleitung stärken als auch ihr Vertrauen in die Natur, in Gottes Schöpfung. Sie können sich in diesem fremd gewordenen Raum beheimaten, sich mehr in der Natur „zu Hause" erleben, an ihr und in ihr wachsen.

Damit verbindet sich der große Wunsch und die Hoffnung, dass Kinder ihren Platz in der Welt im Vertrauen auf Gottes Liebe einnehmen und sich für ihren Weg in die Zukunft stärken können, um nicht an den großen Herausforderungen und Krisen zu verzweifeln. Denn Kinder, die von ihrer Spiritualität und ihrer vielfachen Verbundenheit getragen werden, können sich mit Leidenschaft und Kreativität für den Schutz und Erhalt des menschlichen Lebens und der Schöpfung in ihrer ganzen Vielfalt einsetzen und bemühen.

Die grüne Brille und die biblischen Erzählungen

In den biblischen Erzählungen spielt die Natur oft eine wichtige Rolle, auch wenn wir diese auf den ersten Blick nicht wahrnehmen. Ein kleiner „Trick" kann uns in der Vorbereitung helfen, indem wir eine biblische Erzählung wie mit einer „grünen Brille" lesen, um zu entdecken, wo überall die Natur, Gottes Schöpfung, eine Rolle spielt. Wo werden Naturerscheinungen als Teil von Gottesbegegnungen gedeutet? Wo tragen sich Geschichten unter freiem Himmel zu? Oder wo wird die Schöpfung selbst gewürdigt, besungen und als schöpferischer Ausdruck Gottes gelobt?

Ganz praktisch gesprochen: wenn du einen biblischen Text liest, fokussiere dich einmal ganz darauf, alles herauszulesen, was mit Natur direkt oder indirekt zu tun hat und markiere dies mit einem grünen Stift. Ich bin mir sicher, du wirst erstaunt sein, wie grün dir eine altbekannte Geschichte wie z. B. die vom Zöllner Zachäus (siehe Gottesdienst für Oktober) entgegenleuchtet.

Dieser Blick durch die grüne Brille kann unser Verständnis der alten Erzählungen vertiefen. Er hilft uns, das Leben der Menschen vor zweitausend und mehr Jahren zu erahnen. Er hilft uns zu verstehen, dass Jesus mit seinen Freund*innen die meiste Zeit auf Wanderschaft draußen in der Natur verbrachte. Jesus war und ist zutiefst mit der Natur verbunden. Die Natur spielt in vielen Reden und Gleichnissen von Jesus eine wesentliche Rolle.

Der Blick durch die grüne Brille kann unsere Erzählweise und den Fokus unserer biblischen Erzählungen im Gottesdienst in der Natur verändern.

Die Natur feiert mit

Die Schöpfung spielt nicht nur in der biblischen Erzählung mit, sondern prägt auch unser eigenes Dasein in diesem Moment des Gottesdienstes. Deshalb können wir auch die Gegebenheiten und Veränderungen in der Natur durch das Wetter und die Tages- und Jahreszeiten, sowie die zufälligen Begegnungen mit Pflanzen und Tieren in die Gottesdienste einbeziehen. Das braucht eine innere Flexibilität, um auf plötzliche Wetterveränderungen zu reagieren, mit ihnen gestalterisch umzugehen.

Abgesehen von Sturm und Gewitter ist der Gottesdienst bei jeder Wetterlage durchführbar und wird dadurch bestimmt für alle zu einem bleibenden Erlebnis. Wichtig ist nur, dass ihr euch und den Gottesdienst an das Wetter anpasst.
Ihr könnt beispielweise bei feuchtem Wetter gleich zu Beginn alle Sachen unter einer wasserdichten Plane verstauen oder die Plane als Unterstand aufspannen.

Findet der Gottesdienst regelmäßig am gleichen Ort in der Natur statt, werden die Kinder im Laufe eines Jahres erleben, wie sich die Vegetation durch die Jahreszeiten hindurch verändert und wie das aktuelle Wetter die Atmosphäre des Ortes und des Gottesdienstes immer wieder neu mitgestaltet.

Der **Gottesdienst mit Kindern draußen** kann an vielen Orten gefeiert werden: im großen Pfarrgarten oder im Garten der Kita, auf einer Streuobstwiese, im Stadtpark oder im Wald. Der Platz sollte für die Kinder und Familien gut erreichbar sein. Und je mehr „wilde“ und menschenfreie Natur zum ausgiebigen Umherstreifen, Erforschen und Entdecken einlädt, desto besser.

Wir feiern im Kreis und auf Augenhöhe

Die Draußen-Gottesdienste werden im Kreis gefeiert – um eine zu Beginn gemeinsam gestaltete Mitte herum. Alle tragen zum Gottesdienst bei – vom Anfang bis zum Ende, wenn alles gemeinsam wieder aufgelöst und der Ort den Mitgeschöpfen überlassen wird. Im Kapitel „Liturgie“ (siehe S. 27–50) werden die verschiedenen Beteiligungsformen entlang der einzelnen Liturgiebausteine dargestellt.
Im Kreis gibt es kein Vorne und Hinten, kein Oben und Unten. Im Kreis können wir uns alle anschauen, haben einander im Blick und können einander zuhören. Im Kreis ist immer noch Platz für mehr Menschen. Kommt noch jemand dazu, wird der Kreis einfach etwas weiter.
Die Teamer*innen sitzen im Kreis verteilt und bilden damit weniger ein Gegenüber zu den Kindern und anderen Mitfeiernden, vielmehr ein Miteinander. Zu Beginn ist sicherlich etwas Übung notwendig. Aber diese Mühe lohnt sich, denn das verteilte Sitzen gibt dem Gottesdienst mehr Dynamik und ist authentischer Ausdruck von einem lebendigen Miteinander.

Ein wichtiger Hinweis für euch als Team und für eure Gottesdienstgemeinschaft: Im Kreis und draußen Gottesdienst zu feiern, beinhaltet die Herausforderung, deutlich lauter zu sprechen als sonst, denn es sollen ja auch diejenigen auf der gegenüberliegenden Seite des Kreises euch gut verstehen. Der Anfang am Schwellenkreis (siehe S. 31) ist ein guter Zeitpunkt, um darauf aufmerksam zu machen und alle zu bitten, laut zu sprechen. Für euch als Team: achtet auf die Windrichtung und platziert euch gegebenenfalls mit dem Rücken zum Wind und mit etwas Abstand zueinander im Kreis. So werden eure Stimmen vom Wind in den Kreis getragen.
Um nahes Naturerleben zu ermöglichen, verzichtet möglichst auf den Einsatz von Technik und Elektronik. Sammelt Erfahrungen, wie ihr euch an die natürlichen Gegebenheiten anpassen könnt. So ist bei den Gottesdiensten im März, Juli und September auch der Einsatz von Smartphone und Bluetooth-Box abzuwägen, um die vorgeschlagene Musik einzuspielen.

Wie rede ich von Gott?

Schauen wir in die Schöpfung hinein, schauen wir auf eine unvorstellbare Vielfalt an Wesen und Lebensformen. Selbst unter uns Menschen ist die Vielfalt unfassbar groß. Wir Christ*innen nennen „Gott“, was oder wer uns alle „ins Leben geliebt“ hat.
Unsere Sprache legt fest und grenzt ein. Manche Anreden und Sprachbilder der Bibel und auch unsere eigenen Worte für und an Gott zementieren geradezu ein männliches Bild von Gott. Noch immer ist der sprichwörtliche „alte weiße Mann mit Bart“ genau das Bild, das viele Menschen mit „dem“ christlichen Gott verbinden und mit welchem sie nichts mehr anfangen können.

Die Gottesbilder, die wir heute in unseren Gottesdiensten verwenden, prägen unseren Glauben und den Glauben der nächsten Generationen. Sie wirken auf unser Welt- und Menschenbild zurück.
Wenn ich die Vielfalt in der von Gott geschaffenen Welt würdige, wertschätze und schütze, werde ich Gottes unendliche Vielfalt mit meinem Sprechen und Feiern würdigen und wertschätzen. Und umgekehrt.

Deswegen möchte ich in den Gottesdienstentwürfen verschiedene Formen anbieten, um vielfältig von und mit Gott zu sprechen.
Ich werde weitestgehend auf Personalpronomen (er/sie/es) für Gott oder besitzanzeigende Pronomen (sein/ihr) verzichten. In einigen Entwürfen werde ich die Schreibweise „G-tt" verwenden, in anderen werde ich Formulierungen aus der Bibel in gerechter Sprache (BigS) oder anderen Übertragungen anbieten.
„Gott*Ewige" kam den Herausgeberinnen von „Superfood Bibelgeschichten" als Name in den Sinn, inspiriert von der Bibel in gerechter Sprache. Ein klingender, weiten Raum eröffnender Name. Sie erklären dazu:

> „‚Gott' ist allen vertraut. ‚Ewige' ist einer der vielen anderen Rufnamen. Und * markiert das Geheimnis des Namens. Er ist mehr, als wir aussprechen können. So entsteht ein Sprachraum für die Vielfalt der Beziehungen zu Gott und für die Fülle der Namen.
> Wer die Geschichte vorliest oder erzählt, entscheidet – am besten zusammen mit den anderen –, wie Gott in der jeweiligen Geschichte genannt wird. Vielleicht heute so und nächstes Mal ganz anders. Hauptsache, die Schönheit der Namen und die Schönheit von Gott*Ewige kann immer wieder aufleuchten. Hauptsache, unsere Gottesbeziehung bleibt in Bewegung. Hauptsache, es wird nicht langweilig."

Natalie Ende, Lisa Neuhaus, Superfood Bibelgeschichten, Geschichtenzeit zu Hause, im Gottesdienst, in der Kita, Zentrum Verkündigung der EKHN, Frankfurt am Main 2021

Gott*Ewige – ich bin dankbar für diese Anrede und werde sie in einigen Entwürfen verwenden.
In der Liturgie werde ich das Gebet, das Jesus selbst betete und das er den Menschen, die ihm nachfolgten, gegeben hat, nicht wie üblich als Vaterunser sondern als Jesusgebet bezeichnen. In den Entwürfen beginnt dieses Jesusgebet mit „Du, Gott, bist uns Vater und Mutter im Himmel", eine Übertragung der Bibel in gerechter Sprache in Matthäus 6.
„Heilige Geistkraft" hat sich als Formulierung bereits in vielen Gottesdiensten mit Kindern etabliert und wird von mir durchgängig verwendet.

All diese Formulierungen sind Angebote und ich lade euch ein, euch von ihnen zum Austausch anregen zu lassen, mit den Worten zu experimentieren und hinzuspüren, welche eure sind und welche Resonanz sie bei den Kindern haben. Hauptsache, die Namen und Anreden schenken eine Weite und Vielfalt, die unsere Beziehung zu Gott lebendig halten und liebevoll weiterentwickeln.

Anregend und unterstützend sind für mich besonders zwei Bibelausgaben: Die Gütersloher Erzählbibel, die sich schon seit 2004 mit vielfältigen Gottesbildern und -anreden, sowie gendersensiblen Erzählungen auszeichnet. Und die „Alle Kinder Bibel" von 2023, die die biblischen Geschichten rassismuskritisch und vielfaltsensibel erzählt. Beide Bibeln weiten auf je eigene Weise den biblischen Sprach- und Erzählhorizont.

Ausstattung der Kinder

Ein kleiner Rucksack, wetterfeste Kleidung, wasserfeste Schuhe oder Stiefel, Kopfbedeckung, Sonnenschutz, eine gefüllte Trinkflasche und ggf. Insektenschutz sollte als Grundausstattung den Kindern und Eltern nahegelegt werden. Ebenso sollte bei jedem Gottesdienst darauf hingewiesen werden, dass im Anschluss zu Hause gründlich nach Zecken zu schauen ist.

Denn wetter- und ortsangemessene Bekleidung und wasserfestes Schuhwerk sind für diesen Gottesdienst draußen eine wichtige Grundlage. Erwachsene – und Kinder erst recht – haben meistens wenig Erfahrung mit der Wirkung von Luftfeuchtigkeit und Wind an bestimmten Orten, z. B. im Wald und an einem Gewässer, und schätzen deshalb das Mikroklima falsch ein und tragen nicht genug wärmende, windschützende Kleidung. Und zu frieren oder im Sommer ungeschützt mitten in der Sonne zu sitzen – nimmt womöglich viel von der bereichernden Erfahrung, die der Gottesdienst in der Natur bietet.

Material für den Gottesdienst

Je häufiger dein Team mit Kindern **Gottesdienst in der Natur** feiert und die Schöpfung aktiv erleben will und je weiter ihr dafür in ein naturbelassenes Gelände, wie z. B. in einen großen Wald hineingehen wollt, desto sinnvoller ist die dauerhafte Anschaffung einiger Materialien. Das müssen keine Neuanschaffungen sein, sondern ihr könnt ressourcenschonend in eurem Umfeld nach gebrauchten Dingen fragen. Sicherlich findet sich das ein oder andere ungenutzt im Keller oder auf dem Dachboden.

Eine Liste praxiserprobter Materialen findest du im Anhang des Buchs (siehe S. 157).

3. Liturgie

Kurzübersicht

1. Das Team bereitet den Platz vor
2. Das Team begrüßt die Kinder (und Erwachsenen), sammelt sie im Kreis und verteilt liturgische Texte zum verteilten Lesen
3. Wir gestalten gemeinsam die Mitte
   - Kreuz und Mittelkreis aus Zweigen legen
   - Laterne in den Kreis stellen
   - Außenkreis legen
   - Sitzkissen / Picknickdecken in den Kreis legen
4. Wir stellen uns einander vor und treten über die Schwelle in unseren Kirchraum auf Zeit
5. Wir hören das Votum und entzünden die Kerze
6. Wir singen ein Lied
7. Wir erleben einen Psalm / eine Spürübung
8. Wir hören die biblische Geschichte und teilen unsere Ideen
9. Wir sind Gäste an diesem Ort
10. Wir gehen auf Entdeckungstour

11. Wir singen ein Lied

12. Wir teilen unsere Erlebnisse – im Erzählkreis oder in kleinen Erzählgruppen

13. Wir singen ein Lied

Optional bei einem längeren Gottesdienst:
Wir essen und trinken gemeinsam
Wir gehen wieder auf Entdeckungstour
Wir singen ein Lied
Wir teilen wieder unsere Erlebnisse
Wir singen ein Lied

14. Wir werden aktiv („wie eine Kollekte“)

15. Wir beten miteinander und füreinander

16. Wir singen ein Lied

17. Wir werden gesegnet

18. Wir verlassen den Kreis

19. Wir lösen die Kreise und Mitte auf

20. Wir löschen die Kerze und verabschieden uns

Zeit zum Feiern

Entlang der Gottesdienst-Liturgie stelle ich in diesem Kapitel die „Feinheiten“ dieser Gottesdienstform in der Natur vor. Damit du eine Idee von diesem Erlebnis bekommst, auch wenn du selbst noch keinen Gottesdienst dieser Art in der Natur mitfeiern konntest.

Natürlich kannst du auch direkt zu den Entwürfen weiterblättern und in die Praxis springen. Doch ich empfehle dir, dir diese vertiefende Lektüre zu gönnen – vorab, zwischendrin in der Vorbereitung oder auch nach einem ersten Ausprobieren.

Gottesdienst in der Natur mit Kindern zu feiern, ist für alle ein vielschichtiges Erlebnis. Der Platz in der Natur ist womöglich wenig vertraut und kann viele Überraschungen bergen, die eurem Team vorher nicht alle bewusst sein können (und müssen).
Schenkt den Kindern und euch viel Zeit zum Feiern in und zum Erleben der Natur. Eine Stunde bis eineinhalb Stunden vergehen wie im Flug, wenn der Gottesdienst den Bedürfnissen der Kinder gerecht wird und auch viel Raum für Entdeckungen mit Spiel und Bewegung bietet.

Als guter Zeitpunkt zum Feiern in der Natur eignet sich der frühe bis späte Nachmittag. Der Boden und die Vegetation sind dann durch Sonne und Wind abgetrocknet und die Tagestemperatur hat meist ihren Höhepunkt erreicht, bevor es zum frühen Abend bereits wieder deutlich abkühlt. Im Herbst und Winter können so auch Veränderungen der Lichtverhältnisse durch die Dämmerung in den Gottesdienst einbezogen werden.
Allgemein sollte immer auch der Verlauf der Sonne bei der Auswahl des Platzes berücksichtigt werden, um lange Sonnenexposition zu vermeiden.

1. Das Team bereitet den Platz vor

Nimm dir mit dem Team im Vorfeld genug Zeit, um einen guten Ort für den Gottesdienst zu finden. Liegt der Platz in einem Wald, kann es sinnvoll sein, den Bereich, in dem die Kinder sich später auch einzeln oder in Kleingruppen bewegen können, zu kennzeichnen. Verwendet dafür wiederverwendbare Bänder oder Kreidemarkierungen an Baumstämmen. Auch Wege und Bachläufe können natürliche Begrenzungen bilden.

Vor jedem Gottesdienst solltet ihr den Platz in Augenschein nehmen und euch vergewissern, dass er bespielbar ist. So vermeidet ihr herausfordernde Überraschungen, wie eine Baumrodung an eurem Gottesdienstplatz.
Entfernt Unrat und befestigt gegebenenfalls Wegweiser, damit alle leicht zum Platz finden.

2. Das Team begrüßt die Kinder (und Erwachsenen), sammelt sie im Kreis und verteilt liturgische Texte zum verteilten Lesen

Feiert ihr diese Gottesdienste mit jüngeren Kindern, können Votum, Psalm, Gebet oder Segen als „Ruf und Antwort“ (Call and Response) gestaltet und die Kinder zum Nachsprechen oder Nachsingen eingeladen werden.
Ältere Kinder könnt ihr aktiv an der Liturgie beteiligen und z. B. das Votum, ein Gebet oder auch den Segen von ihnen sprechen lassen. Das funktioniert gut mit Kopien des gesamten Gebets, auf denen der jeweils zu lesende Abschnitt farblich markiert ist. Damit hat das Kind einen Überblick über das ganze Gebet und weiß, an welcher Stelle sein Einsatz sein wird.
Im Kreis hat es später einen sehr dynamischen Effekt, wenn von unterschiedlichen Plätzen aus Teile von Votum, Gebet oder Segen in den Kreis hineingesprochen werden. Beteiligte Erwachsene werden auch gebeten, bei der Liturgie mitzuwirken.
Für das Entzünden – und spätere Löschen – der Kerze kann ein Kind gefragt werden.

3. Wir gestalten gemeinsam die Mitte

Alle sind am Platz angekommen und stellen sich in einen großen Kreis. Gemeinsam gestaltet ihr mit den Kindern diesen Ort zu eurem „Kirchraum auf Zeit“ mit dem, was euch dort an Materialien aus der Natur zur Verfügung steht.

Unterstützend für einen behutsamen Blick und Umgang mit diesen natürlichen Dingen, ist dieser Hinweis: Eigentlich sind hier an diesem Ort ganz andere Wesen zu Hause, nämlich Tiere, Insekten und Pflanzen. Wir sind jetzt zu Gast in ihrem Zuhause, und was wir jetzt nehmen, geben wir am Ende des Gottesdienstes wieder zurück.

Von hier aus beginnt also der Gottesdienst mit der gemeinsamen Gestaltung des Platzes. Dies geschieht in vier Schritten, die – mit Ruhe und Achtsamkeit angeleitet – die Kinder und euch in eine erste Berührung mit der Natur bringen:

1. Als erstes legen alle zusammen in der Mitte ein Kreuz aus herabgefallenen Ästen und Zweigen, aus Naturfundstücken. Es kann gleichschenklig sein oder mit einer längeren Vertikalen. Als christliches Zeichen symbolisiert das Kreuz Jesu Leben, Sterben und Auferstehen. Als wesentlich älter verstandenes Menschheitszeichen steht es auch für die vier Himmelsrichtungen, vier Jahreszeiten oder die vier Elemente.

2. Als nächstes wird ein kleiner Kreis um das Kreuz herum gelegt. Der Kreis symbolisiert die Ganzheit der Schöpfung und das Aufgehobensein im Geist der Auferstehung. Er steht auch für den Planeten, den wir mit allen Mitgeschöpfen als Lebensraum teilen: die Erde.

3. Als drittes Element wird eine Laterne zum Kreuz gestellt. Ihre Kerze wird mit dem Votum entzündet werden. Das Licht ist Symbol für Gottes Gegenwart, für Gottes Liebe. Gott ist mit Liebe in uns, in den Wesen der Natur und in der ganzen Schöpfung da. Wenn es lange nicht geregnet hat und die Vegetation sehr trocken ist, mag es geboten sein, aus Brandschutzgründen auf das Licht der Kerze zu verzichten.

Du wunderst dich vielleicht, dass keine Bibel in die Mitte gelegt wird. Der Hintergrund ist ein ganz pragmatischer. Der Boden ist fast immer feucht und wenn ein Buch längere Zeit auf dem Boden liegt, werden sich die Seiten wellen und das Buch kann schnell unansehnlich werden.
Vielleicht nehmt ihr später für die biblische Erzählung eine Bibel zur Hand und legt sie anschließend in die Mitte. Oder ihr habt einen besonderen Schutz um die Bibel, damit die Feuchtigkeit ihr nichts anhaben kann.

Nun wird in einem letzten Schritt noch ein weiterer Kreis um den Mittelkreis gelegt, und zwar mit so viel Abstand, dass später alle innerhalb des Kreises auf dem Boden Platz haben werden. Mitgebrachte Sitzkissen oder Picknickdecken können schon in den Kreis gelegt werden. Zunächst bleiben alle außen vor dem Kreis stehen.
Dieser Kreis hat auch eine Bedeutung: er ist wie eine Türschwelle zwischen zwei Räumen. Er umgibt den Gottesdienst-Platz als Innenraum, als Raum der menschlichen Gemeinschaft. Hier wird miteinander gesungen, gebetet, Geschichten erzählt und Geschichten gehört.

Jenseits der „Türschwelle“ ist der weitere Naturraum, die große Schöpfungsgemeinschaft. Hier gehen die Kinder auf Entdeckungstour und begegnen den Pflanzen und Tieren, den Wesen dieses Ortes.
Über diesen Kreis treten die Kinder also wie über eine Türschwelle sozusagen von einem Raum in den anderen. Die Schwelle lädt sie immer wieder ein: „Halte kurz inne und dann lass dich locken, von dem was hinter mir, der Schwelle, liegt!“
Die Kinder können dabei entdecken: „Ich bin mit meinem Leben, mit all meinen verschiedenen Lebensräumen (Familie, Freund*innen, Schule, Freizeit) im größeren Raum von Gottes Schöpfung aufgehoben. Und Gott ist immer da und begleitet mich über jegliche Schwelle hinweg.“
Immer dann, wenn alle über den äußeren Schwellenkreis hinein- oder hinaustreten, kann ein Gong oder ein anderes Klanginstrument ertönen und an dieses Innehalten und bewusste Eintreten in einen neuen Raum erinnern.

Am Ende des Gottesdienstes, wenn alle nach dem Segen ein letztes Mal über den Schwellenkreis hinausgetreten sind, werden die Kreise und das Kreuz wieder aufgelöst, sowie die Äste und Zweige zurück in die Natur gelegt.

4. Wir stellen uns einander vor und treten über die Schwelle in unseren Kirchraum auf Zeit

Alle sind um den Kreis versammelt. Einzeln und in frei gewählter Reihenfolge treten die Kinder und Erwachsenen nacheinander in den Kreis und sagen ihren Namen. Wir stellen uns damit einander und auch den Wesen vor, in deren Zuhause wir für diesen Gottesdienst zu Gast sind.

Eine kleine Einstiegsfrage öffnet ein erstes Fenster zum Thema des Gottesdienstes, z. B. wie im Monat März die Frage „Was war dein schönstes Erlebnis mit Wasser?“. Jedes Kind hast so die Möglichkeit, neben dem Namen noch eine persönliche Erfahrung zu teilen.

Für eine große Gottesdienstgemeinschaft wäre eine solche Anfangsrunde zu zeitaufwändig. Hier kann die Gruppe alternativ gemeinsam zum Klang des Gongs über die Schwelle eintreten in den „Kirchraum auf Zeit". Auf ein Zeichen rufen alle gemeinsam ihren eigenen Namen und stellen sich auf diese laute und spaßige Weise einander vor. Die Einstiegsfrage zum Thema kann natürlich auch an alle gestellt und von einigen Freiwilligen ihre Antworten eingeholt werden.

5. Wir hören das Votum und entzünden die Kerze

Nun beginnt die Liturgie des Gottesdienstes mit dem Votum, das von drei Kindern gesprochen werden kann oder als „Ruf und Antwort" mit allen gemeinsam. Ein Kind entzündet die Kerze in der Laterne, je nach Windstärke braucht es dabei eventuell Unterstützung.

6. Wir singen ein Lied

In der Natur gemeinsam die Stimmen erklingen zu lassen und zu singen, ist sehr verbindend – miteinander und mit der Natur. In der Praxis haben sich kurze Wiederholungslieder, Refrains und Kanons bewährt, die leicht zu lernen und auch ohne Begleitung von Instrumenten gut zu singen sind. Nichtsdestotrotz findest du in den Entwürfen zahlreiche themenbezogene Lied-Vorschläge. Im Internet findest du zu den meisten Liedern Hörbeispiele.

Der Kanon *Ich glaube, dass Gott mich geschaffen hat* von Siegfried Macht mit einem Text von Martin Luther wird als kurzes und umfassendes Glaubensbekenntnis nach dem ersten Erzählkreis gesungen.

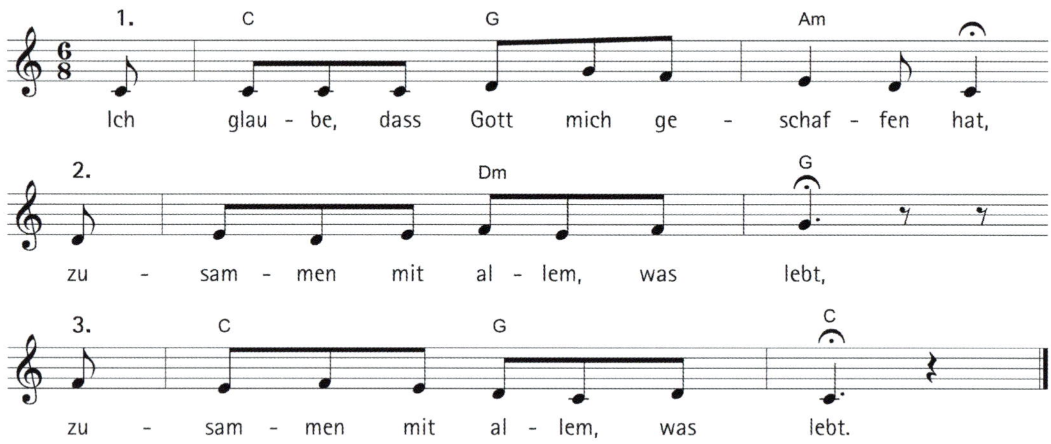

Text: Martin Luther, Musik: Siegfried Macht © Strube Verlag, München

Versucht, auf Liedblätter oder Liederbücher zu verzichten, da sie wind- und wasserempfindlich sind.

Ihr könnt Lieder in sehr großer Schrift auf DIN-A3-Blätter drucken und anschließend laminieren. Zum Singen werden sie hochgehalten und sind bei jeder Wetterlage einsetzbar. Nach Gebrauch einfach abwischen und trocknen lassen. Zum Transport und zur Aufbewahrung der Lieder eignet sich z. B. eine DIN-A3-Sammelmappe, die auf beiden Seiten mit Klebefolie überzogen ist.

Alle Lieder, die im Buch genannt werden, lassen sich auf den letzten Seiten (siehe S. 155–156) noch einmal finden.

7. Wir erleben einen Psalm / eine Spürübung

Gott ganz nahe sein im **Gottesdienst in der Natur**, im Spüren und Erleben all der Lebendigkeit um sich herum und in sich drin. Ein Psalm mit Bewegungen, eine Atemübung oder Übungen zu den verschiedenen Sinnen bieten hierfür in der ersten Phase des Gottesdienstes einen Raum zum Ausprobieren und sich Einlassen.

Hier stelle ich eine Atemmeditation vor. Sie baut eine Brücke zwischen dem körperlichen Aus- und Einatmen der Luft und der Wahrnehmung von Gottes Gegenwart und der eigenen Gegenwart. Die Meditation ist sehr schlicht und zugleich tief bewegend. Wenn du diese Atemübung immer wieder in den Gottesdiensten in der Natur anleitest, kann sie für die Kinder eine ganz leicht zu begehende „Brücke" hin zu Gott werden. Jederzeit mit jedem Atemzug.
Zeige den Kindern im ersten Teil der Anleitung parallel die entspannenden Bewegungen:

Gott ist – ich bin

Du stehst entspannt, das Körpergewicht gleichmäßig auf beide Beine und Füße verteilt, weich in den Knie- und Hüftgelenken. Die Arme hängen locker herab. Du rollst mit den Schultern ein paar Mal leicht und locker von vorne nach hinten. Du nimmst dein Kinn ein wenig zurück. Nun stell dir einen feinen Faden vor, der an der obersten Stelle deines Kopfes befestigt ist und deinen Kopf leicht in die Höhe zieht. Dein Nacken wird dabei etwas in die Länge gezogen.
Spüre, wie du aufgerichtet und entspannt auf dem Boden stehst.
... *Pause* ...

Wenn du magst, schließe jetzt für eine Weile deine Augen. Du kannst sie jederzeit wieder öffnen, wenn du das Bedürfnis dazu hast.
... *Pause* ...

Nun wende deine Aufmerksamkeit auf dein Atmen. Wir beginnen mit dem Ausatmen: spüre, wie dein Körper die Luft ausatmet. Aus den Zellen, durch die Adern, in die Lunge und von dort durch die Nase oder den Mund nach draußen.
... Pause ...

Und spüre, wie dein Körper dann die Luft einatmet. Durch die Nase, in deine Lunge und durch die Adern in alle Zellen deines Körpers. Dein Ausatmen und Einatmen verändern sich dabei nicht. Es ist genau richtig, so wie es ist.
Nimm für einige Atemzüge wahr, wie das Aus- und Einatmen geschieht. Einfach so.
... Pause ...

Nun verbinde dein Ausatmen innerlich mit den Worten „Gott ist". Bei jedem Ausatmen sprichst du still in dir diese Worte. „Gott ist".
Und dein Einatmen verbindest du innerlich mit den Worten „Ich bin". Bei jedem Einatmen sprichst du still in dir diese Worte. „Ich bin".
Immer im Wechsel. Ausatmen – Gott ist. Einatmen – ich bin. Ausatmen – Gott ist. Einatmen – ich bin. Ausatmen – Gott ist. Einatmen – ich bin.
Für eine Weile kannst du das nun in der Stille ganz für dich genießen. Bis ich dich bitten werde, dich daraus zu lösen: Gott ist, ich bin.
... Pause ...

Nun löse dich von dem inneren Sprechen. Nimm einfach noch ein paar tiefe Atemzüge und lass sie laut raus, mit Pusten, Gähnen oder so.
Und räkle dich, bewege Hände, Arme, Beine. Streck und reck dich. Öffne deine Augen und sei ganz hier.

8. Wir hören die biblische Geschichte und teilen unsere Ideen

Wir wollen Bibel und Schöpfung im **Gottesdienst in der Natur** miteinander ins Spiel bringen. Die biblischen Erzählungen sind in den Entwürfen einfach gehalten. Die meisten sind als freie Erzählung oder als Rücken- oder Mitmachgeschichte gestaltet, für die ihr kein oder kaum weiteres Material benötigt. Inspirationen für besondere Erzählmethoden (z. B. mit Fühlbeutel, Regenmacher oder Kerzen zu erzählen) habe ich dem Buch „Erzählen mit allen Sinnen“ (Best.-Nr. 2065 auf junge-gemeinde.de) entnommen. Auch wenn die Erzählungen direkt aus dem Buch gelesen werden können, möchte ich dich und dein Team sehr zum freien Erzählen ermutigen. Das erfordert zwar eine intensivere Vorbereitung der*des Erzählenden, doch dieser Mehraufwand zahlt sich aus. Wenn du frei erzählst und dich dann auch noch traust, selbst in die Erlebnis- und Gefühlswelt der Menschen abzutauchen, gelingt es dir „spielend“, die Aufmerksamkeit der Kinder in der Geschichte zu halten.

Nutzt zudem die Möglichkeit, die Naturgegebenheiten am Ort eures Gottesdienstes in die Erzählung einzubeziehen, z. B. mit vergleichenden Formulierungen: „es war viel kälter als jetzt“, „nicht so sonnig und freundlich wie hier“, „ich spürte den Boden unter mir, genauso feucht und kühl wie hier“. So spielt die Natur beim Erzählen in doppelter Rolle mit: als Teil der biblischen Erzählung und als Anker im Erleben von Hier und Jetzt.

Aus der Arbeit mit dem Bibliolog habe ich das schöne Ritual übernommen, am Ende der biblischen Geschichte, den wesentlichen Menschen und (nichtmenschlichen) Rollen zu danken. Und auch denjenigen zu danken, die dafür gesorgt haben, dass uns heutigen Menschen diese Erzählungen überliefert, verschriftlicht und erhalten worden sind. Grenzt es nicht an ein Wunder, dieses Buch in den Händen halten und lesen zu können? Wenn man bedenkt, wie viel altes Wissen bereits in der Menschheitsgeschichte verloren gegangen ist.

Im Anschluss an die Erzählung moderiert ein*e weitere*r Teamer*in einen Austausch mit und unter den Kindern. Eine offene Fragehaltung ermutigt die Kinder, ihrem eigenen Ideen- und Gedankenfluss freien Lauf zu lassen. Auch ihre Gefühle haben Raum.

Diese Impulsfragen laden die Kinder ein, ihre persönlichen Wahrnehmungen zu formulieren und zu teilen. Ein Richtig oder Falsch oder eine einzig gültige Deutung der Geschichte gibt es nicht.

- Was hat euch am besten gefallen in dieser Geschichte?
- Was ist für euch der wichtigste Punkt in dieser Geschichte?
- Wo findet ihr euch in der Geschichte wieder? Wo erzählt sie etwas von eurer eigenen Geschichte?
- Brauchen wir eigentlich alle Teile der Geschichte, damit sie diese Geschichte bleibt? Oder könnten wir etwas weglassen?

Der*die Teamer*in dankt abschließend allen Kindern für ihre stillen und ihre ausgesprochenen Antworten.

9. Wir sind Gäste an diesem Ort

Bevor es auf die Entdeckungstour geht, kommen nun ein paar Verhaltensregeln für die Zeit in der Natur. Sammelt mit den Kindern gemeinsam Ideen, wie rücksichtsvolles Verhalten an diesem Ort aussehen kann, der ja das Zuhause von vielen anderen Lebewesen ist.

Stellt am Schluss die wichtigsten Regeln nochmal heraus und ergänzt, falls etwas unerwähnt geblieben ist:

- die am Ort vorgegebenen Regeln achten (z. B. wenn ihr in einem Naturschutzgebiet Gottesdienst feiert).
- keinen Pflanzen, Tieren und Insekten Schaden zufügen. Das bedeutet bei Pflanzen maximal nur so viel zu pflücken, dass die Pflanze problemlos weiterwachsen kann; vgl. die so genannte „Handstraußregel“.
- keine Abfälle hinterlassen.
- für einen Toilettengang in der Natur: Toilettenpapier unbedingt immer in mitgebrachtem Müllbeutel entsorgen, für Kot eine kleine Grube (15-20 cm) graben und mit Erde abdecken.
- falls die Kinder sich in einem unübersichtlichen Gebiet aufhalten dürfen, z. B. im Wald, trägt jedes Kind eine Trillerpfeife bei sich, um im Notfall auf sich aufmerksam zu machen. Sammelt mit ihnen, welche Art von Notfällen es geben könnte. Und testet einmal gemeinsam die Trillerpfeifen. Danach dürfen sie nur noch im wirklichen Notfall benutzt werden.

10. Wir gehen auf Entdeckungstour

Nun ist es endlich soweit. Es geht über den Schwellenkreis „raus“ in die Natur. Die Entdeckungstouren knüpfen an einem Aspekt der biblischen Erzählung an und bringen die Kinder auf vielfältige Weise mit der Natur, den Mitgeschöpfen, mit den anderen Menschen und mit sich selbst in Verbindung.
Eine Entdeckungstour kann sehr unterschiedlich gestaltet sein und verschiedene Kompetenzen der Kinder ansprechen: ein Spiel mit der gesamten Gruppe, kreative Gestaltungen in Kleingruppen, Achtsamkeits- oder Sinnesübungen oder eine Naturerkundung mit Schwerpunkt auf Ökologie, Klima- und Umweltschutz oder Tier- und Pflanzenkunde.

Kennt ihr eine Försterin, einen Imker, eine Ornithologin? Oder Kinder oder Jugendliche, die sich für Klima- und Umweltschutz einsetzen? Dann ladet diese Menschen ein, euch mit ihrem Spezialwissen zu bereichern und zu begeistern.

Viele Kinder haben das Bedürfnis, Entdeckungstouren gemeinsam zu unternehmen, da sie es nicht mehr gewohnt sind, die Natur allein zu entdecken. Die Entdeckungstour bietet ihnen immer wieder Anlässe, ganz für sich allein oder maximal zu zweit Natur zu erleben, um ihre individuelle Verbindung zur Natur zu stärken. Dabei geht es ausdrücklich nicht um Mutproben oder „Survival"-Challenges, sondern darum, das Vertrauen in die fürsorgliche Qualität der Schöpfung und in sich selbst als Teil dieser Schöpfung anzuregen und zu fördern.

In den Entwürfen gibt es immer mehrere Vorschläge für Entdeckungstouren mit unterschiedlichen Schwerpunkten. Suche dir mit dem Team das passende Angebot aus. Traut euch, möglichst „Material-arm" zu planen. Denn alles, was ihr mit hinausnehmt in die Natur, müsst ihr auch wieder mit zurückbringen. Vermeidet somit jegliches feinstrukturiertes, kleinteiliges Material aus Kunststoff, was häufig zum kreativen Gestalten bei Indoor-Gottesdiensten verwendet wird. Wenn nötig, bieten sich natürliche und damit verrottbare Materialien an, z. B. unbedruckte Stoffe aus Baumwolle oder Leinen, Schafwolle, Bast, Hanf- oder Baumwollfäden, unbedrucktes Papier und Karton, ökologische Wachsmalkreiden. Noch naturnäher ist es, mit dem kreativ zu werden, was am Ort zu finden ist. Kinder sind Meister*innen der „natürlichen Wertschöpfung" und können aus allem etwas ganz Neues entstehen lassen.

Mit dem Gong schickt ihr die Kinder über den Schwellenkreis hinaus und ruft sie auch später an den Kreis zurück. Gemeinsam tragen alle ihre Erlebnisse bei einem erneuten Gongschlag über die Schwelle hinein in den Feier-Kreis.

11. Wir singen ein Lied

12. Wir teilen unsere Erlebnisse – im Erzählkreis oder in kleinen Erzählgruppen

Der große Erzählkreis bietet jedem Kind den Raum, seine Erlebnisse mit allen zu teilen. Dafür gibt es im Team eine*n Zeitwächter*in, welche*r jedem Kind die gleiche Redezeit zusichert (Uhr und Klanginstrument). Und es gibt einen Redegegenstand. Dies kann immer der gleiche, verzierte Gegenstand sein oder die Kinder wählen in jedem Gottesdienst einen neuen Redegegenstand aus.
Die Rede-Reihenfolge verläuft im Uhrzeigersinn oder der Redegegenstand wird immer wieder in die Mitte zurückgelegt und das nächste Kind, das sich mitteilen möchte, holt ihn sich aus der Mitte.
Der Redegegenstand sichert dem jeweiligen Kind zu, dass es die ungeteilte Aufmerksamkeit der Gruppe hat und alle anderen ihre eigene Geschichte so lange bei sich behalten, bis sie dran sind.
Es bedeutet eine besondere Wertschätzung und Würdigung, wenn ein*e Teamer*in im Anschluss die geteilten Erfahrungen der Kinder gebündelt oder individuell spiegelt. Das bedeutet, aus jeder Geschichte etwas hervorzuheben, was für das jeweilige Kind bedeutsam und essenziell erscheint. Damit wird ausgedrückt: „Wir haben deine Geschichte gehört. Wir danken dir für dein Vertrauen."

Diese Form des Mitteilens im großen Erzählkreis eignet sich nur für kleinere Gruppen. In großen Gruppen hat es sich bewährt, Dreier- bis Fünfergruppen zu bilden. Diese Kleingruppen können ebenfalls einen Redegegenstand wählen und es gelten die gleichen Regeln wie im großen Erzählkreis. Mit dem Gong kann die Redezeit pro Person angezeigt werden. Im Anschluss kann der Raum geöffnet werden, um aus den Kleingruppen einige wichtige Mitteilungen aus den Geschichten für alle hörbar zu machen.

Auch hier ist es wertschätzend und würdigend, allen für ihre Geschichten und ihr Vertrauen zu danken.

Eine weitere Form des Teilens gerade für große Gruppen ist die Ein-Wort-Runde. Jede Person überlegt sich ein einzelnes Wort, um das Besondere, die Essenz des Erlebten auszudrücken, und teilt es im großen Kreis. Häufig entsteht daraus eine sehr tiefe und vielfältige Sammlung, für die selbstverständlich auch gedankt wird.

13. Wir singen ein Lied

Ich glaube, dass Gott mich geschaffen hat (M. Luther, S. Macht)

Optional bei einem längeren Gottesdienst:

Wir essen und trinken gemeinsam

Geht es dir auch so? Draußen und in Gemeinschaft schmeckt es besonders gut. Ladet die Kinder ein, für ein Picknick etwas Obst, Kekse oder Knabbereien mitzubringen. Vorzugsweise in wiederverschließbaren Behältern, damit vor Ort wenig Verpackungsmüll anfällt. Oder du bereitest mit deinem Team etwas Einfaches vor.
Gerade für die Gottesdienste in den kälteren Jahreszeiten hat sich eine große Isolierkanne mit heißem Wasser und verschiedene Teebeutel bewährt. An einem warmen Porzellanbecher kann man sich wunderbar die Hände wärmen.
Auch ein Abendmahl in der Natur ist eine besondere gemeinschaftliche Erfahrung. Dafür bietet sich natürlich der Gottesdienst in der Passions- und Osterzeit an oder die Erntezeit im August bis Oktober.

Wir gehen wieder auf Entdeckungstour

Hier bietet sich an, mit der zweiten Entdeckungstour einen anderen inhaltlichen und gestalterischen Schwerpunkt zu setzen: Ging es bei der ersten Tour um ein Spiel mit der ganzen Gruppe, geht es nun vielleicht in Zweierteams auf Erforschung. Oder lag bei der ersten Tour der Fokus auf einer individuellen Achtsamkeitsübung, geht's nun in zwei Gruppen an eine kreative Landart-Gestaltung.

Wir singen ein Lied

Wir teilen wieder unsere Erlebnisse

In einer kleinen Gruppe kann die Form von großem Erzählkreis zu kleinen Erzählgruppen oder umgekehrt gewechselt werden.
In großen Gruppen kann von kleinen Erzählgruppen zur Ein-Wort-Runde getauscht werden oder umgekehrt.

Wir singen ein Lied

14. Wir werden aktiv („wie eine Kollekte“)

Kinder wollen selbstwirksam sein und dafür auch ein direktes Feedback bekommen. Dieses Grundbedürfnis wird im Gottesdienst von diesem liturgischen Baustein anstelle einer Geld-Kollekte aufgegriffen. Denn das Geben von Geld unterstützt nicht das Bedürfnis der Kinder, selbst kreativ und aktiv zur Lösung eines Problems oder einer Herausforderung beizutragen. Weder können sie bei der Kollekte kreativ und aktiv etwas tun, noch bekommen sie ein direktes Feedback, ob ihre Geldgabe konkret etwas zur Lösung eines Problems beigesteuert hat.

Stattdessen wird ihnen in dieser Form ein Resonanz-Raum gegeben, in dem sie auf die vorangegangenen Erfahrungen mit biblischer Erzählung und den Entdeckungstouren in der Natur mit ihren guten Ideen und ihrer „Problemlösungskreativität“ antworten können.

In jedem Gottesdienst-Entwurf findest du eine oder zwei aktivierende Fragen, die sich aus dem Thema des Gottesdienstes ableiten. Die Kinder werden ausdrücklich eingeladen, ihre Ideen mit allen zu teilen, um sich gegenseitig zu kreativem und aktivem Handeln für die Menschen- und/oder Schöpfungsgemeinschaft zu inspirieren und zu ermutigen. Dabei ist es wünschenswert, wenn ein Kind sich von einer vorangegangenen Idee eines anderen Kindes anstecken lässt und das Gleiche tun möchte. Vielleicht können sich die beiden dafür sogar zusammentun und gemeinsam aktiv werden?

15. Wir beten miteinander und füreinander

Gott ganz nahe sein im Beten mit- und füreinander. Im vorangegangenen Kapitel ging ich auf die vierfache Verbundenheit ein, die Anton Bucher als die vier Dimensionen einer gesunden, mitwachsenden Spiritualität bezeichnet. Sie können eine sinnvolle Struktur für unser Beten bilden. Im Gebet nehmen wir uns selbst, die anderen Menschen, die Natur und nicht-menschlichen Mitgeschöpfe und Gott in den Blick. Wir halten Gott unsere Dankbarkeit und unser Glück, unsere und die Nöte der anderen Menschen und Mitgeschöpfe, sowie unsere guten Ideen und Herzenswünsche hin.
Gerade auch die Grenzen unserer Selbstwirksamkeit dürfen wir benennen und Gott um Hilfe und liebevolle Lösungen bitten.

Hand aufs Herz

Als Alternative zum Händefalten schlage ich den Kindern gerne vor, diese Form auszuprobieren: erst die Hände warmreiben und dann zum Beten auf die Herzgegend legen.

Das Jesusgebet – mit Bewegungen

Text	**Bewegung**
Du, Gott, bist uns Vater und Mutter im Himmel,	*Arme öffnen wie zum Willkommenheißen.*
geheiligt werde dein Name.	*Hände gen Himmel heben.*
Dein Reich komme.	*Arme langsam im Bogen nach außen senken.*
Dein Wille geschehe,	*Mit den Händen von oben nach unten über Brustkorb und Bauch streichen.*
wie im Himmel,	*Eine Hand nach oben heben, der Blick folgt der Hand.*
so auf Erden.	*Die andere Hand nach unten nehmen, der Blick folgt der Hand.*
Unser tägliches Brot gib uns heute,	*Hände zur Schale halten.*
und vergib uns unsere Schuld,	*Handflächen nacheinander abstreichen.*
wie auch wir vergeben unseren Schuldigern.	*Hände nacheinander nach außen halten, Handflächen offen.*
Und führe uns nicht in Versuchung,	*Hände zu Fäusten ballen und auf Brusthöhe überkreuzen.*

sondern erlöse uns von dem Bösen.	*Hände mit Schwung senken und Arme nach außen „fliegen“ lassen.*
Denn dein ist das Reich	*Hände auf Herzhöhe nehmen und waagerecht nach oben geöffnet zu beiden Seiten vom Herz her ausbreiten.*
und die Kraft	*Arme anwinkeln und „Muckis“ zeigen.*
und die Herrlichkeit	*Finger spreizen, Hände über den Kopf heben und mit ausgestreckten Armen einen Kreis beschreiben. Hände treffen sich vor dem Unterleib.*
in Ewigkeit.	*Mit beiden Händen eine liegende 8 malen.*
Amen.	*Hände ruhen auf der Herzgegend.*

16. Wir singen ein Lied

Dieses Lied stimmt auf den Segen ein. Es bietet sich an, regelmäßig das gleiche Lied zu singen. Ein kurzes, eingängiges Wiederholungslied ist der Refrain des Segensliedes aus dem Weltgebetstag mit Kindern.

> Segen, Gottes guter Segen, verbindet unsere Welt,
> auf allen unseren Wegen Gottes gute Hand uns hält.
>
> Urheber unbekannt

17. Wir werden gesegnet

Wir, unsere guten Ideen und alle/alles auf dieser Welt brauchen Gottes Segen, die kraft- und liebevolle Zusage, dass wir in Gottes Liebe und Frieden geborgen sind und dass unser Leben zu unserem Wohl und zum Wohl dieser Welt gelingen möge.
Die Kreisform ermöglicht verschiedene Segensformen. Du findest sie in den Entwürfen.

18. Wir verlassen den Kreis

Oft sind wir geneigt, nicht so genau zu schauen, wie es nach dem Segen eigentlich weitergeht. Da der Gottesdienst nicht in einem Kirchengebäude stattfindet, sondern im „Kirchraum auf Zeit", wird es nun Zeit, den Kreis der Gemeinschaft (diesen Kirchraum) zu verlassen und aufzulösen. Damit das nicht in einem wilden Gewusel endet, ist es gut, die beiden letzten Elemente des Gottesdienstes mit Ruhe und Klarheit anzuleiten, so wie ganz am Anfang.

Alle räumen zunächst ihre Sitzunterlagen und Sachen zusammen. Wenn das getan ist, wenden sich alle zur Mitte und werden eingeladen, sich auf das zu besinnen, was sie in der zurückliegenden Zeit an diesem Ort, mit diesen Menschen und mit diesen Mitgeschöpfen erlebt haben. Und das Schönste, Ermutigendste, Wichtigste im Herzen mitzunehmen, wenn als nächstes der Gong erklingt und alle ein letztes Mal über den Schwellenkreis hinweg nach außen treten.
Dort werden zunächst die persönlichen Sachen abgelegt, um die Hände frei zu haben. Und alle wenden sich wieder zur Kreismitte.

19. Wir lösen die Kreise und Mitte auf

Auch das Auflösen der Kreise und des Kreuzes kann als ein gemeinsames Ritual vollzogen werden, mit Achtsamkeit und Wertschätzung für das, was die Natur uns für eine bestimmte Zeit überlassen hat. Dazu kann an den Anfang des Gottesdienstes erinnert werden, als ihr mit der Gruppe den gemeinsamen Platz gestaltet hattet. In umgekehrter Reihenfolge, von außen nach innen, wird nun als erstes das Material vom äußeren großen Kreis zurückgetragen in die Natur. Nach einem kurzen Innehalten folgt dann das Material des kleinen Kreises (Mittelkreises). Und nach einer weiteren kurzen Pause wird auch das Kreuz aufgelöst. Übrig bleibt die brennende Kerze in der Laterne.
Kinder und Erwachsene üben mit diesem Tun gemeinsam ein schöpfungssensibles Handeln und Sein in der Natur. Wir greifen möglichst wenig in die Naturvorgänge ein und hinterlassen so wenig Spuren wie möglich. Die wichtigsten Spuren vom Gottesdienst verbleiben in den Herzen der kleinen und großen Menschen, die gemeinsam gefeiert haben!

20. Wir löschen die Kerze und verabschieden uns

Das Kind, das zu Beginn die Kerze in der Laterne entzündet hat, darf sie nun auch löschen. Wir sammeln alles ein, was wir an den Platz mitgebracht hatten. Und machen uns gemeinsam auf den Rückweg.

4. Die Gottesdienste – draußen unterwegs mit Gott

In diesem zweiten großen Abschnitt findest du nun acht Gottesdienst-Entwürfe von März bis Januar. Weitere vier Gottesdienste (Mai, August, November und Februar) stehen digital zum Download zur Verfügung. Dafür nutze bitte den QR-Code auf Seite 155. Wenn einzelne liturgische Bausteine unklar erscheinen, vergewissere dich über den Ablauf im Liturgie-Kapitel (siehe S. 27–50). Am Ende jedes Entwurfs sind Materialien aufgeführt, die speziell für diesen Gottesdienst benötigt werden. Materialien, die grundsätzlich für die Gestaltung von Gottesdiensten in der Natur sinnvoll sind, findest du im Anhang des Buchs (siehe S. 157).

März

Lebendiges Wachsen braucht lebendiges Wasser (Johannes 4,1-30,39f)

Im März beginnt der Frühling. Die Natur schöpft neue Kraft aus der Tiefe des Bodens. Nach der Winterruhe beginnen die Pflanzen neu mit ihrem Wachstum. Die Bäume bringen nach und nach ihre in den Knospen angelegten Blätter zur Entfaltung. Dafür brauchen sie viel Wasser und Nährstoffe, die sie mit ihren Wurzeln förmlich aus dem Boden heraussaugen.
Gerade erleben wir die Passionszeit und in wenigen Wochen werden wir Ostern feiern. Wir werden einen Neuanfang feiern: Jesu' Auferstehung. Das Osterlicht wird aufleuchten und die Dunkelheit der langen Nacht auflösen. Neues Leben bricht an.
Von dieser Erfahrung des Neuanfangs handelt auch die biblische Geschichte. Die Frau am Jakobsbrunnen erzählt, wie sie von Jesus liebevoll angenommen wird und durch ihn einen Neuanfang in ihrem Leben wagt.

Wasser ist für Kinder ein faszinierendes Element. Vielleicht weil es so wandelbar und ohne Hilfsmittel nicht festzuhalten ist. Für den Körper ist es so elementar wichtig wie Geliebtwerden und Geborgenheit für die seelisch-psychische Gesundheit. Aus dem tiefen Empfinden, von Jesus, Gott und den Menschen geliebt zu sein, lässt sich das Leben leichter und spielerischer leben. Dann kann die Energie frisch in den Entdeckungsdrang fließen und es zieht Kinder wie auch Erwachsene wieder nach draußen in die Welt.
Im März ist die Zeit der kurzen Tage endlich vorbei und es gibt schon die ersten wärmeren Frühlingstage.

Für den **Gottesdienst mit Kindern draußen** sind noch sehr warme und winddichte Kleidung, sowie wasserfeste warme Schuhe oder Stiefel nötig, besonders wenn der Platz im Wald liegt oder kein direktes Sonnenlicht auf den Platz fällt.

1. Das Team bereitet den Platz vor

2. Das Team begrüßt die Kinder (und Erwachsenen), sammelt sie im Kreis und verteilt liturgische Texte zum verteilten Lesen

3. Wir gestalten gemeinsam die Mitte (siehe S. 32–34)

4. Wir stellen uns einander vor und treten über die Schwelle in unseren Kirchraum auf Zeit
Sage uns und den Wesen an diesem Platz deinen Namen und was dein schönstes Erlebnis mit Wasser war?

5. Wir hören das Votum und entzünden die Kerze

A Wir sind hier zusammen im Namen Gottes.
Gott ist die Quelle und der Boden unseres Lebens.
B Jesu Liebe ist die Sonne, die uns wärmt.
C Die Heilige Geistkraft ist die Luft, die wir atmen.
Amen.

♫ **6. Wir singen ein Lied**
Wo die Liebe wohnt (siehe S. 156 für mehr Informationen)

7. Wir erleben einen Psalm (nach Psalm 65)

Alle: Gott, wo du bist, fließen Ströme von lebendigem Wasser.

Du tanzt mit uns, Gott,
wenn wir zusammenkommen
und die Schönheit deiner Schöpfung feiern.

Alle: Gott, wo du bist, fließen Ströme von lebendigem Wasser.

Du hörst, wenn wir beten,
wenn wir unsere Fehler eingestehen
und dir unser Herz ausschütten.

Alle: Gott, wo du bist, fließen Ströme von lebendigem Wasser.

Du zeigst dich in der Fülle deiner Schöpfung.
Sie ist so schön.
Die Erde jubelt bei Sonnenaufgang
und bei Sonnenuntergang.

Alle: Gott, wo du bist, fließen Ströme von lebendigem Wasser.

Überall hinterlässt du Spuren deines Segens.
Wir loben dich laut oder leise,
eines jedes Wesen auf die eigene Art und Weise.

Alle: Gott, wo du bist, fließen Ströme von lebendigem Wasser.
Amen.

8. Wir hören die biblische Geschichte und teilen unsere Ideen

Die Geschichte kann frei erzählt und mit dem Rauschen eines Regenmachers an den markierten Stellen untermalt werden. Sicher kann ein Regenmacher in der Kita, Schule oder bei einem*einer Musiker*in ausgeliehen werden. Aus einer stabilen Pappröhre und mit Nägeln, Klebeband und kleinen Steinchen lässt sich ein Regenmacher auch selbst bauen. Anleitungen gibt es im Internet.

Erzähler*in:
Manchmal gibt es im Leben ein Vorher und ein Nachher. Wenn etwas passiert, was das ganze Leben auf den Kopf stellt und nichts mehr so ist wie es vorher war.
Ich bin Ohola. Ich bin Samariterin und lebe dort drüben im Dorf Sychar. In meinem Leben gibt es so ein Vorher-Nachher-Erlebnis. Und es ist immer noch so. Ich muss allen davon erzählen, sonst würde ich es selbst kaum glauben!

Möglichst unbemerkt

Aber ganz von vorne: Ich war wie jeden Tag in der Mittagszeit auf dem Weg hierher zum uralten Jakobsbrunnen. Ich wollte möglichst unbemerkt meine tägliche Wasserration holen *(Regenmacher mehrmals aus der Waagerechten hin und her schütteln)*.
Warum unbemerkt, fragt ihr euch?

Wisst ihr, mein Leben war bis zu jenem Tag ziemlich durcheinander. Die Leute im Dorf zogen über mich her. Sie machten mir das Leben schwer, weil ich schon mit dem fünften Mann zusammen war. Das fanden sie falsch. Nun, ich kann euch nur sagen, ich war einfach immer auf der Suche nach Glück und Liebe. Mit irgendeinem Menschen musste es doch mal gut werden.

Also, an jenem Tag kamen mir schon kurz hinterm Dorf mehrere fremde Frauen und Männer entgegen. „Die sehen aus wie Leute aus Judäa. Die werden mich zum Glück nicht ansprechen“, dachte ich damals. Denn Samariter und Juden reden normalerweise nicht miteinander. Weil sie voneinander meinen, die anderen verehren Gott nicht richtig.
Und tatsächlich, sie sprachen mich nicht an. Aber sie lächelten mich alle ganz freundlich an. Das war schon seltsam.

Am Brunnen sitzt ein Fremder

Dann kam ich hier beim Brunnen an. Und da saß auch einer von ihnen, das erkannte ich sofort. Er sah müde und erschöpft aus. Eigentlich wollte ich ihn links liegen lassen und so tun, als sähe ich ihn gar nicht. Ich fing schnell an, mit meinem Bottich das kla-

re, frische Wasser aus dem Brunnen hochzuziehen *(Regenmacher mehrmals aus der Waagerechten hin und her schütteln)*.
Doch es half nichts. „Bitte gib mir etwas zu trinken", bat mich der Fremde. Ganz schön patzig platzte es aus mir heraus: „Ich bin Samariterin und du bist Jude! Wie kannst du mich um etwas zu trinken bitten?" Wisst ihr, eigentlich war ich einfach nur erschrocken, dass er mich angesprochen hat.

Und nun geschah das, was ich mein Vorher-Nachher-Erlebnis nenne. Der Mann ließ sich von meiner barschen Abfuhr gar nicht beeindrucken. „Wenn du wüsstest, wer dich hier um Wasser bittet, würdest du ihn bitten, und er würde dir lebendiges Wasser geben" *(Regenmacher aus der Waagerechten langsam in die Senkrechte heben, dabei den Regenmacher leicht in den Händen hin und her rollen)*.
Ich verstand gar nichts mehr. Und seine freundliche Art brachte mich auf die Palme. Wieso will er mir auf einmal Wasser geben? Woher? Womit? Er hat ja nicht mal einen Becher zum Schöpfen dabei! Ich hatte nur Spott für ihn übrig: „Woher willst du denn ‚lebendiges' Wasser nehmen? Hast du eine bessere Quelle als diesen Brunnen? Den hat unser Stammvater Jakob uns hinterlassen. Und er hat sogar selbst daraus getrunken! Hast du etwas Besseres?"

Der Mann blieb ganz ruhig. Eine Weile lächelte er mich einfach nur an. – Mir wurde ganz mulmig zumute. Dieser Fremde, der schaute mich so liebevoll an, wie mich noch nie zuvor ein Mensch angeschaut hatte. – Und dann sagte er zu mir diese Worte: „Alle, die von meinem Wasser trinken, werden in Ewigkeit nicht mehr durstig sein. Ich gebe ihnen ‚lebendiges' Wasser. Dieses ‚lebendige' Wasser wird zu einer Quelle für sie. Diese Quelle sprudelt für immer in ihnen, bis ins ewige Leben" *(Regenmacher aus der Waagerechten langsam in die Senkrechte heben, dabei den Regenmacher leicht in den Händen hin und her rollen. Mehrmals wiederholen)*.

Ein Blick ins Herz

In meinem Herzen fühlte ich plötzlich wieder meine große Sehnsucht nach Glück und Liebe, und aus meinem Mund kamen die Worte: „Bitte, Lehrer, gib mir dieses Wasser, damit ich nicht mehr durstig werde und nicht mehr zum Schöpfen hierherkommen muss“ *(Regenmacher aus der Waagerechten langsam in die Senkrechte heben, dabei den Regenmacher leicht in den Händen hin und her rollen)*.

Mir war, als würde mir der Fremde direkt ins Herz schauen und genau wissen, wie chaotisch meine Suche nach Liebe und Glück bisher gewesen war. „Ja“, sagte er aus der Stille heraus, „das ist wahr. Dein Leben war bisher chaotisch!“ Er musste mir ins Herz gesehen haben. Woher hätte der Fremde sonst über mein Leben Bescheid wissen können? So etwas können nur Propheten. „Bist du ein Prophet? Oder sogar der, den Gott schicken wird. Der uns die Geheimnisse Gottes offenlegen wird? Der Messias?“

Er sagte nur: „Ich bin es, der mit dir redet.“

Einer, der alles über mich weiß.

Eine Hitzewelle überrollte mich und ich wäre am liebsten in den Brunnen gesprungen. Es war einfach unglaublich, was ich hier gerade erlebte. In mir war kein Zweifel und ohne zu zögern, rannte ich ins Dorf. „Los, ihr müsst unbedingt mitkommen. Am Brunnen ist einer, der alles über mich weiß. Ich glaube, er ist der Messias!“
Ich wunderte mich über mich selbst. Was war nur los mit mir? Aber noch mehr wunderte ich mich über die anderen. Denn viele glaubten mir und kamen mit zu ihm.

Heute weiß ich: der Fremde war Jesus. Der wunderbarste Mensch, der mir je begegnet ist. Auch wenn er nur zwei Tage bei uns im Dorf geblieben ist, durch ihn hat sich mein Leben komplett verändert.
Klar, ich komme immer noch jeden Tag hierher an den Jakobsbrunnen und schöpfe das Wasser. Das brauchen wir für unser körperliches Leben.
Aber ich muss mich nicht mehr verstecken. Die Leute grüßen und respektieren mich.

Denn ich habe ihnen den Weg zu Jesus gezeigt. Und zum lebendigen Wasser. Das lebendige Wasser sprudelt seitdem in meinem Leben, in meiner Seele und es schenkt mir wahres Glück und wahre Liebe im Herzen. Ich bin mir sicher, es wird bis ins ewige Leben fließen! *(Regenmacher aus der Waagerechten langsam in die Senkrechte heben, dabei den Regenmacher leicht in den Händen hin und her rollen. Mehrmals wiederholen).*

Erzähler*in *(nicht mehr als Erzähler*in, als Teamer*in des Gottesdienstes mit Kindern)*:
Ich danke der Frau am Brunnen für ihre Geschichte und dass sie den anderen Menschen von ihrer Begegnung mit Jesus erzählt hat. Ich danke allen Menschen, die diese Geschichte für uns in der Bibel aufbewahrt haben.

Es schließt sich ein Gespräch mit den Kindern über die Geschichte an, z. B. mit den Impulsfragen von S. 39–40.

9. Wir sind Gäste an diesem Ort (siehe S. 40)

10. Wir gehen auf Entdeckungstour

Quellentanz

Wir entdecken tanzend das sprudelnde lebendige Wasser einer Quelle. Wir schöpfen das Wasser aus der Quelle. Wir verteilen es in der Welt und lassen uns von anderen das Wasser geben.

Wählt zu Beginn des Gottesdienstes den Schwellenkreis so groß, dass ihr mit den Kindern den Quellentanz innerhalb des Kreises um die Mitte herum tanzen könnt.

Von der Tanzlinie müssen vier Schritte zur Kreismitte und vier Schritte nach außen möglich sein. Es gibt bei diesem Tanz keine seitlichen Tanzbewegungen. Der eigene Platz im Kreis verändert sich also nicht.
Nach dem Abzählen wird der Tanz zunächst ohne Musik angeleitet und eingeübt. Mit einer kleinen tragbaren Bluetooth-Box und einem Smartphone lässt sich die Musik in einer angemessenen Lautstärke abspielen.

Nehmt euch in der Vorbereitung des Gottesdienstes im Team Zeit, um den Tanz gemeinsam einzuüben.

Tanzanleitung:
 Musik: *Mummers' dance* von Loreena McKennitt

Gruppe steht im Kreis, es wird 1,2,1,2 im Wechsel abgezählt.

Beginn:
- Alle blicken zur Mitte und legen ihre Hände jeweils auf die Rücken der Nachbar*innen links und rechts
- Gemeinsam im großen Kreis mit rechtem Fuß beginnend, auf der Stelle wiegend
- 8 Wiegeschritte (8-mal das Gewicht von rechts nach links verlagern, dabei stehenbleiben)
- Danach Arme von Nachbar*innen von Rücken nehmen

Die Einser tanzen:
- In 4 Schritten zur Mitte
- In der Mitte 4 „Schritte" stehen, dabei die Hände zu einer Schale formen, sich hinunterbeugen und aus der (nicht sichtbaren) „Quelle" „Wasser" schöpfen.
- 4 Schritte rückwärts (Hände bleiben zur Schale gehalten)

Zeitgleich tanzen die Zweier:
- Hände zur Schale haltend
- 4 Schritte rückwärts nach außen (Richtung Außenkreis)
- Danach einmal um die eigene Achse mit weit geöffneten Armen drehen
- 4 Schritte zum gemeinsamen Kreis zurück

Alle:
- Im Kreis legen die Zweier ihre frei gewordenen Hände jeweils auf die Rücken der Einser
- 8 Wiegeschritte (8-mal das Gewicht von rechts nach links verlagern, dabei stehenbleiben)

Dann Wechsel:

Die Einser tanzen:
- Hände weiter zur Schale haltend
- 4 Schritte rückwärts nach außen (Richtung Außenkreis)
- Danach einmal um die eigene Achse mit weit geöffneten Armen drehen
- 4 Schritte zum gemeinsamen Kreis zurück

Zeitgleich tanzen die Zweier:
- In 4 Schritten zur Mitte
- In der Mitte 4 „Schritte" stehen, dabei die Hände zu einer Schale formen, sich hinunterbeugen und aus der (nicht sichtbaren) „Quelle" „Wasser" schöpfen.
- 4 Schritte rückwärts (Hände bleiben zur Schale gehalten)

Alle:
- Im Kreis legen die Einser ihre frei gewordenen Hände jeweils auf die Rücken der Zweier

- 8 Wiegeschritte (8-mal das Gewicht von rechts nach links verlagern, dabei stehenbleiben)

usw.
Den Tanz gemeinsam im Kreis wiegend ausklingen lassen.

Urheber unbekannt

11. Wir singen ein Lied

Ich glaube, dass Gott mich geschaffen hat (siehe Noten S. 36)

12. Wir teilen unsere Erlebnisse – im Erzählkreis oder in kleinen Erzählgruppen

13. Wir singen ein Lied

Wasser ist Leben (siehe S. 156 für mehr Informationen)

Optional bei einem längeren Gottesdienst:
Wir essen und trinken gemeinsam

Wir gehen wieder auf Entdeckungstour

Mit einem Stethoskop auf Spurensuche nach Wasser
Für Bäume ist das Wasser lebensnotwendig, genauso wie für uns Menschen. Mit dem Wasser transportieren sie Zucker, den sie in den Blättern durch Photosynthese produzieren, nach unten in ihre Wurzeln. Und von den Wurzeln bringen sie mit dem Wasser Nährstoffe in ihren gesamten Baumkörper. Und wenn es heiß ist, verdunsten die Bäume über ihre Blätter Wasser, um sich und ihre Umgebung zu kühlen. Das können bis zu einhundert Liter Wasser am Tag sein.

Im Winter würde das Wasser in den Bäumen gefrieren und den Baumkörper zerstören. Deswegen werfen die Bäume im Herbst ihre Blätter ab und schließen sozusagen die Wasserleitungen.
Im Frühjahr starten sie neu und pumpen ganz viel Wasser nach oben, damit sich ihre Blätter schnell entfalten und sie wieder mit der Photosynthese beginnen können. Schließlich sind die Bäume ganz ausgehungert. Dieses Pumpen ist sogar von außen zu hören.

An Bäumen mit dünner Rinde, z.B. Birken oder Pappeln, können die Kinder das Strömen des Wassers mit einem Stethoskop belauschen.

Wassertransport-Spiel (ohne Wasser, aber mit viel Bewegung)
Ihr braucht zwei Eimer (oder vier, wenn ihr zwei Gruppen gegeneinander spielen lassen wollt) und etwa einen Eimer voll Fichten- und/oder Kiefernzapfen. Sie symbolisieren das Wasser.
Die beiden Eimer stehen mit größerem Abstand zueinander. Sie sind die Baumwurzel und die Baumkrone. Die Kinder müssen zuerst als Wurzeln das Wasser im Boden sammeln (verstreute Zapfen in Eimer sammeln). Ist der Eimer voll, muss das Wasser zur Krone transportiert werden. Jedes Kind darf jeweils nur zwei Zapfen zum anderen Eimer tragen. Es muss wieder zur Wurzel zurückkommen, damit das nächste Kind loslaufen darf. Ist der „Kronen-Eimer" voll, hat der Baum genug Wasser, um seine Blätter zu entfalten!

♫ *Wir singen ein Lied*
Wir teilen wieder unsere Erlebnisse
♫ *Wir singen ein Lied*

14. Wir werden aktiv („wie eine Kollekte")
Wir leben in einem Land, in dem das Trinkwasser einfach aus der Leitung kommt. Das lässt uns leicht vergessen, wie wertvoll und kostbar das Wasser ist.

Welche Idee hast du, um mit dem Wasser sorgsam umzugehen?

15. Wir beten miteinander und füreinander

A Gott, du gibst uns lebendiges Wasser.
Danke, dass wir von deinem Wasser trinken dürfen,
bis unser Durst gelöscht ist.

B Gott, unser Trinkwasser ist begrenzt.
Gib uns Gelingen für unsere Ideen,
wie wir das Wasser sorgsamer benutzen können
und die Natur genug Wasser behält,
damit die Pflanzen gut wachsen können.

C Gott, wir beten für die
Kinder und Erwachsenen,
die kein frisches Trinkwasser haben.
Gott, gib allen Menschen genug zum Leben.

D Und Gott, viele Kinder und Erwachsene
haben auch einen großen Durst in ihrem Herzen:
Sie wollen geliebt werden,
wollen sich geborgen und sicher fühlen.
Gott, gib ihnen Menschen, die sie,
wie Jesus, liebevoll annehmen.
Amen.

Wir beten das Jesusgebet – mit Bewegungen (siehe S. 47–48)

16. Wir singen ein Lied

Segen, Gottes guter Segen (siehe S. 156 für mehr Informationen)

17. Wir werden gesegnet

Mit dem Blick zur Kreismitte halten wir unsere Hände wie leere Schalen vor uns. Nach jeder Segensbitte drehen wir uns um eine Vierteldrehung, sodass wir nach der vierten Himmelsrichtung wieder zur Kreismitte schauen.

A Gott segne alle Menschen und alles was lebt
mit der aufgehenden Sonne im Osten, *(Vierteldrehung)*
B mit dem Leben spendenden Wasser im Süden, *(Vierteldrehung)*
C mit der reichen Erde im Westen *(Vierteldrehung)*
D und mit der erfrischenden Luft im Norden. *(Vierteldrehung)*
E Gott segne uns und die ganze Schöpfung –
heute, morgen und alle Tage. Amen.

18. Wir verlassen den Kreis

19. Wir lösen die Kreise und Mitte auf

20. Wir löschen die Kerze und verabschieden uns

Material für die biblische Geschichte

- Regenmacher

Materialien zum Quellentanz

- Bluetooth-Box und Smartphone
- Lied *Mummers' Dance* (Loreena McKennit)

Material zur Spurensuche nach Wasser

- *Stethoskope*

Materialien zum Wassertransport-Spiel (ohne Wasser)

- *2 10-Liter Eimer*
- *Fichten- und/oder Kiefernzapfen*

April

Das Weizenkorn in der Erde (Johannes 12, 20-26)

Der Frühling schreitet voran. Die Natur blüht neu auf. Es wird wärmer und grüner. Eine wohltuende Zeit, die in allen Geschöpfen neue Lebensenergie freisetzt.

Die Karwoche ist eine konzentrierte Zeit mit intensivsten Gefühlen, sprichwörtlich „Himmelhoch jauchzend, zum Tode betrübt“. Sie findet ihren Höhepunkt in Karfreitag und dem Fest der Auferstehung an Ostern. Ohne den Tod Jesu kann es keine Auferstehung, keine Wandlung von Tod zu Leben geben.

Im Zentrum steht diesmal eine kurze Bildrede Jesu. Der Evangelist Johannes lässt Jesus die Wirkung seines bald bevorstehenden Todes und seiner Auferstehung mit einem Weizenkorn vergleichen, das erst mit der Keimung im Boden seine eigentliche Aufgabe, viel Frucht zu bringen, erfüllen wird. Diese Erkenntnis muss für Jesu Freund*innen sehr tröstlich und ermutigend gewesen sein. Insbesondere als sie das Gleichnis mit Jesu Tod am Kreuz in Verbindung brachten. Die Botschaft Jesu wurde von immer mehr Menschen erkannt, dass G-tt diese Welt und alle Menschen bedingungslos liebt. Daher veränderten diese Menschen ihr Leben und richteten es auf G-ttes Liebe aus.

Beim Spielen und Erleben in der Natur entdecken Kinder, dass der Tod ein natürlicher und notwendiger Teil des Lebens in der Schöpfungsgemeinschaft ist. So wie G-tt jedem Lebewesen in Geburt und Wachstum liebevoll nahe ist, hält G-tt auch jedes Lebewesen, wenn es stirbt, in der Liebe bei sich. Mit dieser Erkenntnis aus der Natur können Sterben und Tod für Kinder etwas weniger bedrohlich wirken.

1. Das Team bereitet den Platz vor

2. Das Team begrüßt die Kinder (und Erwachsenen), sammelt sie im Kreis und verteilt liturgische Texte zum verteilten Lesen

3. Wir gestalten gemeinsam die Mitte (siehe S. 32–34)

4. Wir stellen uns einander vor und treten über die Schwelle in unseren Kirchraum auf Zeit
Sage uns und den Wesen an diesem Platz deinen Namen und was dir an dieser Jahreszeit, dem Frühling, gefällt?

5. Wir hören das Votum und entzünden die Kerze (siehe S. 54)

 **6. Wir singen ein Lied**
In der Mitte der Nacht, *Refrain* (siehe S. 156 für mehr Informationen)

7. Wir erleben eine Spürübung

Für diese Spürübung stellst du dich erstmal hin. Spüre den Boden unter deinen Füßen. Wenn du magst, kannst du auch die Augen schließen. ... *Pause* ...
Nun gehst du in die Hocke und legst deine Hände auf den Boden.
Spüre den Boden unter deinen Händen. Ist er weich oder hart, warm oder kühl?
... *Pause* ...
Und jetzt gräbst du mit den Fingern ein kleines Loch in den Boden. Spüre die Erde an deinen Fingern. Wie fühlt sich die Erde an? Genauso wie der Boden oder anders?
... *Pause* ...
Nun öffne deine Augen, falls du sie geschlossen hattest, und steh wieder auf. Spüre noch einmal den Boden unter deinen Füßen und streiche die Erde von deinen Händen.

8. Wir hören die biblische Geschichte und teilen unsere Ideen

Erzähler*in:
Ich habe euch zwei Sachen mitgebracht: eine kurze Erzählung von Jesus aus der Bibel und das hier *(Fühlsack mit Weizenkorn hochhalten)*.
Was denkt ihr, was das ist? ... *Stück Stoff, Tasche, Kopfkissen* ...
Was fällt euch noch zu diesem Ding ein? ... *Farbe schwarz, etwas hineintun, man kann nicht sehen, was drin ist, schwarz wie die Erde* ...

Okay, man kann etwas hineintun. Ich habe hier schon etwas für unsere Erzählung hineingetan.
Wer möchte mal fühlen, was da drin ist?
Bitte einfach nur fühlen. Und nicht verraten, wenn du es erkannt hast.

*Erzähler*in geht mit dem Fühlbeutel im Kreis herum und lässt einige Kinder das Weizenkorn ertasten. Ohne das Geheimnis aufzulösen, wird Jesu Bild vom Weizenkorn erzählt.*

In Jerusalem steht das große jüdische Pessachfest bevor. Von überall her kommen Menschen in die Stadt, um dieses besondere Fest zu feiern. Auch Jesus ist mit seinen Freunden und Freundinnen nach Jerusalem gekommen. Auch sie wollen das Pessachfest feiern und sich erinnern, wie G-tt das Volk Israel aus Ägypten befreit hat.
Alle sind aufgeregt. Auch Jesus ist unruhig und aufgewühlt. Die Menschen um ihn herum wissen noch nicht, was in wenigen Tagen geschehen wird. Dass Jesus verhaftet, verhört wird und am Kreuz sterben wird.
Noch kommen viele Menschen zu ihm. Wollen ihm nahe sein. Vielleicht eines seiner Wunder miterleben. Etwas Weises von ihm hören und von ihm gesegnet werden.

Jesus sitzt mit einigen Freunden und Fremden in der Sonne. Es wurde schon viel gesprochen. Doch nun ist es still geworden.
Auf dem Boden liegen noch einige Ähren vom Getreidedreschen. Jesus hebt eine Weizenähre auf und hält sie in der Hand. Nachdenklich betrachtet er sie. Dann löst er ein einzelnes Korn aus der Ähre *(Weizenkorn aus dem Fühlbeutel nehmen und sich in die Hand legen)*.

„Wisst ihr“, sagt er plötzlich in die Stille hinein, „ich fühle mich wie dieses einzelne Weizenkorn. Ich fühle, dass meine Aufgabe darin liegt, mich ganz hinzugeben. So wie dieses Korn. Nur wenn es ausgesät und in die Erde gelegt wird, kann es seine Aufgabe wirklich erfüllen.

In der Erde lässt es seine bisherige Form los, es stirbt. Und aus ihm entsteht eine neue Pflanze. Wenn sie reif ist, wird sie große Frucht bringen.“ Jesus schaut von der Ähre zum Weizenkorn und wieder zur Ähre. „So viele neue Körner – aus diesem einzelnen Weizenkorn!“

Jesus schaute liebevoll auf das Weizenkorn und rollte es zwischen seinen Fingern hin und her *(Korn zwischen den Fingen hin und her rollen)*.
„So ist es wohl immer: nur diejenigen, die sich ganz hingeben, die ihr Leben ganz in G-tt hineinlegen *(Korn in die geöffnete Hand legen, Hand schließen)*, aus denen wird

etwas viel Größeres hervorgehen *(Hand wieder öffnen)*: sie werden ewig in G-tt leben. Und sie werden viele andere auf den Weg ins ewige Leben in G-ttes Liebe einladen" *(die Ähre zum Korn in die Hand legen)*.

Erzähler*in *(nicht mehr als Erzähler*in, als Teamer*in des Gottesdienstes mit Kindern)*:
Ich danke Jesus für diesen tiefen Blick in seine Gedanken und seine Gefühle. Ich danke ihm für seine Worte. Und ich danke den Menschen, die Jesu Worte für uns in der Bibel aufbewahrt haben.

Es schließt sich ein Gespräch mit den Kindern über die Geschichte an, z. B. mit den Impulsfragen von S. 39–40.

9. Wir sind Gäste an diesem Ort (siehe S. 40)

10. Wir gehen auf Entdeckungstour

Zum Einstieg wird noch im großen Sitzkreis der Kanon *Geht einer auf den andern zu* (siehe S. 155 für mehr Informationen) gesungen. Zunächst einige Male vorsingen, bis mehrere Kinder mitsingen können. Mit den Kindern vier einfache Handbewegungen zu den vier Zeilen des Kanons ausdenken.
Nun geht ein*e Teamer*in singend auf eine*n andere*n Teamer zu und lädt die Person zum Mitsingen, Aufstehen und Mitmachen ein. Bei der nächsten Wiederholung gehen sie wiederum auf zwei Kinder zu und laden sie ebenfalls singend zum Mitmachen ein. Alle Aufgeforderten gehen ihrerseits auf weitere Kinder zu und aktivieren sie. So kommen in kürzester Zeit alle singend in Bewegung.

Nach dem Lied treten alle gemeinsam über den Schwellenkreis für die weitere Entdeckung.

Der Weizenkorn-Effekt

Lasst uns noch einmal auf das schauen, was Jesus an dem Weizenkorn entdeckt hat. Hier ist das einzelne Weizenkorn. Jesus sagt, wenn das Weizenkorn in die Erde gelegt wird und stirbt, bringt es große Frucht. Genau genommen wächst aus dem Körnchen eine neue Weizenpflanze heran und diese Pflanze bringt eine Ähre hervor *(ggf. Ähren zeigen)*. Diese Ähre trägt ungefähr 40 neue Weizenkörner *(Beutelchen mit 40 Weizenkörnern – 3 Gramm – herumgeben)*.

Im zweiten Jahr bringen diese 40 Körner neue Pflanzen mit neuen Ähren mit je 40 Weizenkörnern hervor. Das sind dann 1600 Körner *(Beutelchen mit 100 Gramm Weizenkörnern herumgeben)*.
Im dritten Jahr können daraus dann 1600 neue Pflanzen wachsen, mit 64.000 Körnern. Das sind dann schon über 4 Kilogramm *(Beutel mit 4 kg Getreide/ Gewicht zeigen und anheben)*. Im vierten Jahr sind es dann 166 Kilogramm – so viel wie zwei bis drei erwachsene Menschen. Und noch ein Jahr später sind es dann 6640 Kilogramm oder 6,6 Tonnen – also so viel wie 80 bis 120 Erwachsene Menschen.

Das Lied *Geht einer auf den andern zu* veranschaulicht diesen Effekt der Vervielfachung auf spielerische Weise. Jesus ging auf seine Freund*innen und die Menschen seiner Zeit zu, und sie gingen auf die nächsten Menschen zu. Diese wiederum teilten Jesu Botschaft von G-ttes Liebe mit vielen weiteren Menschen usw.

Hochbeet bauen und bepflanzen

Der April ist die ideale Zeit für den Einstieg in ein umfangreicheres Projekt: der Bau, die Bepflanzung und Pflege eines Hochbeets und die Anlage eines Beetes auf dem Gelände der Gemeinde, Schule oder Kita. Das Hochbeet oder das Beet können zum Gottesdienst vorbereitet werden. Das geht auch gemeinsam mit den Kindern. Für ein Hochbeet können gebrauchte Holz-Einwegpaletten genutzt werden. Sie fallen als Abfall in verschiedenen produzierenden Gewerbebetrieben an – einfach mal rumfragen. Längs zersägt, ergeben sie gut nutzbare, halbhohe Beetkästen. Anleitungen findest du im Internet.
Die Entdeckungstour in diesem Gottesdienst bestünde im Aussäen und Bepflanzen mit vorgezogenen Pflänzchen, essbaren Stauden und Kräutern.

♫ 11. Wir singen ein Lied

Geht einer auf den andern zu (siehe S. 155 für mehr Informationen)

12. Wir teilen unsere Erlebnisse – im Erzählkreis oder in kleinen Erzählgruppen

♫ 13. Wir singen ein Lied

Ich glaube, dass Gott mich geschaffen hat (siehe Noten S. 36)

Optional bei einem längeren Gottesdienst:
Wir essen und trinken gemeinsam
Butterbrot mit Kräuterquark und Sprossen von gekeimter Gemüse- und Getreidesaat

Wir gehen wieder auf Entdeckungstour

Erdpralinen (Saatkugeln)
Aus etwa 1/3 Ton und 2/3 Erde knetet jedes Kind einen festen „Teig". Dann knetet es einige Blumensamen in den Teig ein und formt daraus haselnussgroße „Erdpralinen". Die Saatkugeln können während des Gottesdienstes noch trocknen und werden zuhause in Blumenbeete oder -töpfe gedrückt.
*Als „Guerilla Gardening" wurde das heimliche Aussäen von Pflanzen per Saatkugeln auf öffentlichen, städtischen Grün- oder Brachflächen bezeichnet. Aktivist*innen protestierten mit diesem zivilen Ungehorsam gegen Flächenversiegelung und Umweltzerstörung innerhalb von Städten.*

Was passiert bei der Keimung?
Falls ihr eine Essenspause einplant mit Brot, Kräuterquark und gekeimten Sprossen, bietet sich diese Frage noch zu einer kleinen Entdeckungstour an.
Um aus der Keimruhe aufzuwachen, braucht das Saatkorn Wasser, eine bestimmte Temperatur und Sauerstoff. Es saugt sich regelrecht mit Wasser voll und startet damit seinen Stoffwechsel. Das heißt, es verwendet all die guten Nährstoffe, die in ihm drinstecken, z. B.

Fett und Eiweiß, um zu wachsen. Die Nährstoffe müssen für eine kleine Wurzel und einen kleinen Stängel mit ersten Keimblättern reichen. Sobald die Keimblätter da sind, fängt die kleine Pflanze an, ihr nötige Energie aus Sonne und Luft (Photosynthese) zu gewinnen.

In Joghurt- oder Frischkäsebechern etwas Erde einfüllen, Kressesamen aufstreuen und leicht bewässern. Nach einigen Tagen (immer feucht halten), können die Kinder zuhause Kresse ernten.

♫ *Wir singen ein Lied*
Wir teilen wieder unsere Erlebnisse
♫ *Wir singen ein Lied*

14. Wir werden aktiv („wie eine Kollekte")

An welchem Ort will ich meine Erdpralinen einpflanzen oder an welchen Menschen will ich sie weitergeben? Auf welchen Menschen gehe ich zu und lade ihn zu mir ein?

 **15. Wir beten miteinander und füreinander**

G-tt,
manchmal denke ich, niemand ist für mich da.
Dann fühle ich Angst und Traurigkeit.
Doch du, G-tt, bist da. In mir und um mich herum.
Das tut mir gut!

G-tt,
manchmal denke ich, es spielt keine Rolle,
ob ich den Mund aufmache oder nicht.

Denn niemand hört mir zu.
Dann fühle ich mich mutlos und ohne Kraft.
Doch du, G-tt, hörst mich und machst mir Mut.
Das tut mir gut!

G-tt,
manchmal mache ich mir Sorgen,
weil es so viele große Probleme in der Welt gibt.
Dann möchte ich mir am liebsten die Decke über den Kopf ziehen.
Doch du, G-tt, tröstest mich und füllst mein Herz mit Hoffnung.
Das tut mir gut!
Amen.

Wir beten das Jesusgebet – mit Bewegungen (siehe S. 47–48)

♫ 16. Wir singen ein Lied

Schnee schmilzt, Eis zerbricht (siehe S. 156 für mehr Informationen)

17. Wir werden gesegnet

A G-tt, durchflute uns mit deiner Liebe,
damit wir aufweichen und unsere Liebeskraft entfalten.

B Jesus, stelle uns auf deinen nahrhaften Boden,
damit wir uns tief in dir verwurzeln.

C Heilige Geistkraft, stärke uns mit deiner Lebensenergie,
damit wir uns aufrichten und zur Sonne hinwachsen.
Amen.

18. Wir verlassen den Kreis

19. Wir lösen die Kreise und Mitte auf

20. Wir löschen die Kerze und verabschieden uns

Materialien für die biblische Geschichte

- 1 Fühlsack (ca. 30 x 30 cm) aus dunklem Stoff oder eine dunkle Stofftasche mit einem Weizenkorn
- 1 Weizenähre

Materialien für den Weizenkorn-Effekt

- 3 Beutel, gefüllt mit 3 g / 100 g / 4 kg Getreidekörnern (alternativ zur Veranschaulichung der unterschiedlichen Gewichte: Kieselsteinchen)

Materialien für das Hochbeet

- Holz-Einwegplatten
- Erde
- vorgezogenen Pflänzchen, essbare Stauden und Kräuter

Materialien für Erdpralinen (Saatkugeln)

- *Schulton*
- *Erde (z. B. von Maulwurfshügeln direkt vor Ort)*
- *bienenfreundliche, heimische Blumensaat*
- *Wasser und alte Handtücher (zum Händewaschen)*
- *kleine Papiertüten (zum Transport der Erdpralinen)*

Materialien für Keimung

- *Joghurt- oder Frischkäsebecher*
- *Erde*
- *Kressesamen*
- *Wasser zum Gießen*

Juni

Für immer – Der Regenbogen ist Gottes Zeichen (Gen. 8, 13 – 9,17)

An den kleinen und großen Übergängen des Lebens tut es gut, G-tt nicht nur ganz nahe zu wissen, sondern G-tt ganz nahe, näher als den eigenen Atem zu spüren und zu erfahren. G-ttes Segen, die große und ewige Liebeszusage, steht wie der Regenbogen weiter ausgespannt am weiten Himmel unseres Lebens.

Im Juni fängt der Sommer an und in manchen Bundesländern sind vielleicht schon Sommerferien. Ein Moment des Übergangs. Die Kinder gehen von der Kita- oder Schulzeit wie über eine Türschwelle in Wochen der freien Ferienzeit hinein. Oder sie verlassen ein letztes Mal über die Türschwelle die vertraute Kitagruppe oder das Klassenzimmer. Was danach kommt und wie das sein wird, ist noch wenig greifbar, liegt noch in weiter Ferne. Viele gemischte Gefühle schwingen mit. Traurigkeit und Freude, Erleichterung und Wehmut, Vorfreude und Unsicherheit.

1. Das Team bereitet den Platz vor

2. Das Team begrüßt die Kinder (und Erwachsenen), sammelt sie im Kreis und verteilt liturgische Texte zum verteilten Lesen

3. Wir gestalten gemeinsam die Mitte (siehe S. 32–34)

4. Wir stellen uns einander vor und treten über die Schwelle in unseren Kirchraum auf Zeit
Sage uns und den Wesen an diesem Platz deinen Namen und verrate uns deine Lieblingsfarbe!

5. Wir hören das Votum und entzünden die Kerze

A Wir feiern Gottesdienst.
Das Licht der Kerze – G-tt wärmt unser Leben.
B Das Kreuz – Jesu Liebe ist in unserer Mitte.
C Der Kreis – die Heilige Geistkraft verbindet uns mit allem, was ist.
Amen.

6. Wir singen ein Lied
Wie groß ist Gottes Liebe? (siehe S. 156 für mehr Informationen)

7. Wir erleben eine Spürübung
Die Atem-Meditation „G-tt ist – ich bin" ist im Kapitel Liturgie auf Seite 37–38 abgedruckt.

8. Wir hören die biblische Geschichte und teilen unsere Ideen

Die Geschichte vom Regenbogen nach der großen Flut wird als Rückengeschichte erzählt. Alle können sozusagen die Geschichte miterzählen. Eine Rückengeschichte ist im wahrsten Sinne berührend und es braucht Vertrauen, sich von einer anderen Person am Rücken berühren zu lassen. Wenn ein Kind das nicht möchte, ist das vollkommen in Ordnung. Zur gemeinsamen Einstimmung können zunächst einige Malbewegungen auf den eigenen Beinen geübt werden, um ein Gefühl für Druck und Geschwindigkeiten zu bekommen.

Eine Person erzählt langsam die Geschichte, während ein oder zwei Teamer*innen die „Malbewegungen" für alle gut sichtbar vormachen. Die Pausen müssen lang genug sein, für die einen Kinder zum Nachmalen und für die anderen Kinder zum Spüren. Die Rückengeschichte sollte vorher im Team einige Mal geübt werden.
Alternativ kann die Geschichte auch auf den eigenen Beinen erzählt werden, wenn gegenseitige Berührung eher Unbehagen auslöst. Die Malbewegungen sind dafür an manchen Stellen anzupassen.

Christiane Zimmermann-Fröb hat diese alternative Erzählform als „Beingeschichten" während der Corona-Pandemie entwickelt.

Erzählung	**Bewegungen**
Bevor unsere Geschichte beginnt, streicht einmal mit euren Händen weich über den Rücken der Person vor euch und lasst sie dann ganz leicht, ohne Druck an den Schultern liegen.	*Rücken mit flachen Händen weich ausstreichen, Hände ohne Druck an die Schultern legen.*
Und nun fängt unsere Geschichte an.	
Seit Monaten nur Regen, Regen, Regen. Ob es jemals wieder anders werden würde?	*Mit allen Fingen leicht und ausdauernd von oben nach unten klopfen.*

Wie schon seit Wochen schaute Noah wieder durch die Dachluke der Arche nach draußen. „Und Noah, was siehst du?“, fragte Noahs Frau gespannt.	*Handkante einer Hand waagerecht anlegen, aus dem Handgelenk die Handkante über die Senkrechte hinausbewegen (öffnende Bewegung).*
Endlich! Der große lange Regen war vorüber und das Wasser war verschwunden.	*Mit den Fingern am oberen Rücken noch vereinzelt klopfen. Dann mit den Handflächen von oben nach unten und zu den Seiten ausstreichen.*
„Oh wie herrlich! Ich sehe den Erdboden! Ich sehe Grün! Die Pflanzen wachsen wieder“, rief Noah voller Freude.	*„Bodenlinie“ am unteren Rücken ziehen, mit der Hand von links nach rechts streichen. Danach mit beiden Händen schnell nach oben streichen, um „sprießende Gräser und Pflanzen“ anzudeuten.*
„Und ich sehe den blauen Himmel!	*Mit den Handflächen von unten nach oben und zu den Seiten ausstreichen.*
Und die Sonne. Was für ein großartiger Anblick!“ Noah war glücklich und konnte sich nicht satt sehen.	*Große Sonne mit Strahlen zeichnen.*
Viele Monate hatten all die vielen Tiere und Menschen in der Enge der Arche zugebracht und hatten so die große Flut überlebt.	*Hände zu Fäusten ballen und dicht an dicht auf den Rücken drücken.*
Doch nun wurden sie alle unruhig. Jetzt wollten alle es mit eigenen Augen sehen	*Fäuste etwas lockern und in kurzen Bewegungen hin und her streichen.*

und wieder richtigen Boden unter die Füße bekommen.

„Noah, es ist soweit“, sagte G-tt, „verlass die Arche mit deiner ganzen Familie und nimm auch alle Tiere mit hinaus!“

Hände an den Rücken legen.

Noah und seine Familie gingen voran.

Von unten mit den Fingern Schritte markieren.

Und sie öffneten die großen Luken.

Handkanten waagerecht an den Rücken legen, Fingerspitzen zeigen zueinander. Aus den Handgelenken über die Senkrechte hinausbewegen.

So schnell sie konnten, purzelten, hüpften, sprangen, flogen oder schlängelten sich die Tiere und Vögel hinaus ins Freie. Jedes Lebewesen auf die eigene Art und Weise.

Von unten nach oben verschiedene Fortbewegungsarten beschreiben.

G-tt sah sie alle und freute sich über jedes einzelne Geschöpf.

Großen lachenden Mund zeichnen.

G-tt erinnerte sich an den Anfang von allem. „Ja, aus Erde und aus Liebe habe ich sie alle geschaffen. Und ich liebe sie noch immer!

Mit den Fingerkuppen beider Hände ein großes Herz beschreiben.

Mit der großen Flut wollte ich alles Leben von der Erde wegwischen. Die Bosheit der Menschen war einfach zu groß geworden.

Mit der flachen Hand mehrmals über den gesamten Rücken hin und her wischen.

Doch jetzt will ich das nicht mehr. Nie mehr!
Denn ich erinnere mich an den Anfang und an meine Liebe, mit der ich alles geschaffen habe!"

Mit einer Handkante ein großes X über den ganzen Rücken streichen.
Mit je zwei Fingern mehrmals ein Herz auf der gleichen Stelle zeichnen.

Noah und seine Familie waren glücklich und feierten ein großes Fest. Sie dankten G-tt für die Rettung und freuten sich über ihr neu gewonnenes Leben.

Mit den Zeigefingern kleine Kreise über den ganzen Rücken verteilen (wie eine Tanzbewegung).

G-tt sagte zu Noah: „Nach jedem Sommer kommt wieder ein Winter. Nach Saat folgt Ernte, und dem Tag folgt die Nacht. Darauf kannst du dich verlassen. Nein, darauf können sich alle verlassen! So wird es sein, solange die Erde besteht.

Von der Rückenmitte oben mit der rechten Hand einen Halbkreis zur unteren Rückenmitte ziehen. Dort „übernimmt" die linke Hand und zieht einen Halbkreis nach oben. Noch zwei Mal wiederholen.

Denn auf immer und ewig werde ich die Erde und alle meine Geschöpfe lieben. Das ist mein großes Versprechen für euch und alle Lebewesen auf der Erde. Mein Versprechen gilt – für alle und für immer!"

Von der Rückenmitte beginnend, mit je zwei Fingern erst ein kleines Herz, dann drumherum ein immer größer werdendes Herz malen.

Um das Versprechen niemals zu vergessen, nahm G-tt den Regenbogen. G-tt sagte zu Noah und seiner Familie: „Wenn der Regenbogen am Himmel leuchtet, seid gewiss: Ich, G-tt, sehe den gleichen Regenbogen und ich erinnere mich an mein Versprechen.

Mit den Fingern der rechten Hand einen großen Bogen von links unten über die Mitte oben nach rechts unten ziehen.

Ich denke an euch und alles Lebendige. Ich, G-tt, verspreche euch: meine Liebe gilt euch allen – heute und für immer!“

Mit den Fingerkuppen beider Hände ein großes Herz beschreiben.

Streicht noch einmal mit euren Händen weich über den Rücken und lasst sie ganz leicht, ohne Druck an den Schultern.
Unsere Geschichte ist nun zu Ende.
Ihr könnte euch beide einmal räkeln und dann tauscht ihr die Rollen.

Rücken mit flachen Händen weich ausstreichen, Hände ohne Druck an die Schultern legen

Ich danke Noah und seiner Familie für ihre Geschichte, für ihren Mut, ihr Vertrauen in G-tt, für ihr Durchhaltevermögen und ihre Freude. Ich danke allen Tieren für ihr Leben. Und ich danke den Menschen, die diese Geschichte für uns in der Bibel aufbewahrt haben.

Es schließt sich ein Gespräch mit den Kindern über die Geschichte an, z. B. mit den Impulsfragen von S. 39–40.

9. Wir sind Gäste an diesem Ort (siehe S. 40)

10. Wir gehen auf Entdeckungstour

Blüten-Regenbogen

Auf der Einladung zum Gottesdienst wird bereits besonders herausgestellt: Bitte bringt einen kleinen Strauß Wildblumen mit – z. B. Löwenzahn, Rotklee, Vergissmeinnicht – in möglichst vielen Farben.
Mit den mitgebrachten Wildblumen legen die Kinder gemeinsam einen großen Regenbogen.

Farben-Spiel

Die Kinder stehen oder sitzen in einem großen Kreis. Jedes Kind erhält eine Farbenkarte. Wird in der folgenden Geschichte ihre Farbe genannt, springen sie auf und laufen einmal um den Kreis herum zurück zu ihrem Platz. Bei den Worten „alle Tiere“ springen alle Kinder auf und suchen sich einen neuen Platz im Kreis.

Als Noahs und seine Familie die Luken der Arche auftun, hüpfen, purzeln, schlängeln, flattern und springen alle Tiere nach und nach davon. So sehr sich die Menschen freuen, sind Noah und seine Familie doch auch ein wenig traurig. Ihnen sind alle Tiere ans Herz gewachsen. Aber nun heißt es, sich zu verbschieden und sie ziehen zu lassen:

Die schönen Schnee-Eulen und das Schwanenpaar, so elegant im weißen Gefieder. Kaum zu glauben, dass ihre kleinen, grauen Küken schon bald genauso majestätisch davonfliegen werden wie die Eltern.

Und auch die hübschen Goldammern und Pirole – goldgelb hatten sie in der Arche geleuchtet, fast wie Kerzenschein. Nun flattern sie in den blauen Himmel davon.

Manche Geschöpfe hätte Noah beinahe zwischen allen Tieren übersehen: die flinken braunen Erdmännchen und die zierlichen Rotkehlchen und auch die lichtscheuen grauen Ratten. Und nicht zu vergessen, die kleinen Grashüpfer – so grün wie, ja eben, so grün wie das Gras.

Alle Tiere zieht es nach draußen an die frische Luft und manche wollen sofort zurück zum Wasser, wie die grauen Flusspferde und Elefanten und auch die durstigen, sandbraunen Kamele.

Eine flinke Fuchs-Familie huscht an allen Menschen vorbei. Nur das Rot und Weiß ihrer Schwanzspitzen leuchtet kurz vor ihren Augen auf. Das Grasfroschpaar hüpft voller Elan von den braunen Planken hinein in das frische neue Grün.

Nach vielem Winken, Streicheln und Verabschieden sagt Noah: „So, das waren nun wohl alle Tiere!" Doch weit gefehlt: Die Eisbären – schneeweiß wie die Wolken am Himmel, hatten gehofft, dass die Arche sie direkt an einem Eisberg absetzen würde. Aber Noah muss sie enttäuschen. „Tut mir leid, die Arche fährt von hier aus nicht mehr weiter."

Die Koalabären hatten bisher alles verschlafen und die beiden Grau-Pelze möchten am liebsten in der gemütlichen Arche weiterschlafen. Doch auch sie müssen sich, wie alle Tiere, ein neues Zuhause suchen.

Und schließlich verlassen die letzten mit viel Getöse die Arche: eine Schar sonnengelber Gänseküken ist gerade frisch aus ihren weißen Eiern geschlüpft. Und sie können sich noch nicht entscheiden, ob die Roten Riesenkängurus oder die Graugänse wohl die richtigen Eltern sind. Noah schiebt sie liebevoll zu den Gänsen und schon ist die Welt für die Kleinen in Ordnung. Jetzt kann das Abenteuer Leben losgehen! Noah und seine Familie winken allen Tieren hinterher. Mit Herzen voller Liebe und Dankbarkeit.

♫ **11. Wir singen ein Lied**

Ich schenk dir einen Regenbogen (siehe S. 156 für mehr Informationen)

12. Wir teilen unsere Erlebnisse – im Erzählkreis oder in kleinen Erzählgruppen

♫ **13. Wir singen ein Lied**

Ich glaube, dass Gott mich geschaffen hat (siehe Noten S. 36)

Optional bei einem längeren Gottesdienst:
Wir essen und trinken gemeinsam

Wir gehen wieder auf Entdeckungstour

Regenbogen-Experiment
Ein Regenbogen entsteht durch Brechung des Lichtes an den Regentropfen. Die Regentropfen sind unzählige kleine Prismen, die das „weiße" Licht in die Farben Rot, Orange, Gelb, Grün, Blau und Violett aufbrechen. Diesen Prisma-Effekt könnt ihr mit dem Experiment sichtbar machen:
Haltet einen Spiegel schräg in eine Glasschüssel und füllt die Schüssel mit Wasser auf, bis der Spiegel etwa halb bedeckt ist.
Richtet den Spiegel so aus, dass die Sonnenstrahlen auf ihn treffen. Zwei Personen halten ein weißes Tuch mit etwas Abstand zur Schüssel und fangen den Regenbogen ein. Das Wasser, das Glas der Schüssel und der Spiegel bilden zusammen das Prisma und das Licht wird in die einzelnen, für uns sichtbaren Farben zerlegt.

Seifenblasen-Phantasie
Seifenblasen faszinieren und begeistern kleine und große Menschen ähnlich stark wie ein Regenbogen. Sie schillern in den Farben des Regenbogens. Ihre zarte Struktur und schimmernde Leichtigkeit üben auf viele Kinder und Erwachsene eine besondere Faszination des Augenblicks aus. Sie regen die Phantasie an:
Stellt euch vor, dass mit jeder Seifenblase, die auf unserer Haut zerplatzt, G-tt uns einen Kuss zuwirft und uns segnet. Und mit jeder Seifenblase, die auf dem Boden oder in der Luft zerplatzt, küsst und segnet G-tt die ganze Schöpfung.

Die Entdeckungstour: Die Kinder spielen nach Lust und Laune mit den Seifenblasen.

Aus Pfeifenputzern lassen sich Seifenblasen-Ringe drehen.
Im Internet finden sich verschiedene Rezepte zur Herstellung von Seifenblasenlauge. Mit einem vorgemischten Pulver von kidzmedia und Fairy Ultra (Konzentrat) kann eine ergiebige Seifenlauge angerührt werden, die auch große „stabile“ Seifenblasen möglich macht.
Es sollte möglichst keine Lauge auf dem Boden landen. Legt eventuell kleine Handtücher unter die Laugenbehälter.

♫ *Wir singen ein Lied*
Wir teilen wieder unsere Erlebnisse
♫ *Wir singen ein Lied*

14. Wir werden aktiv („wie eine Kollekte“)
G-tt verspricht: „Meine Liebe gilt euch allen – heute und für immer!“ Und der Regenbogen erinnert uns und G-tt immer wieder an dieses Versprechen.

Welche Menschen, welche Tiere hast du lieb? Und wie kannst du ihnen deine Liebe zeigen?

 **15. Wir beten miteinander und füreinander**

Die Hände warm reiben und auf die Herzregion legen.

Das Gebet als „Ruf und Antwort“ gestalten. Ein*e Teamer*in spricht einen Satz, alle anderen antworten, in dem sie den Satz wiederholen.

G-tt, deine Liebe ist wunderbar! Danke.
G-tt, du hast ein Herz für uns alle,
egal, wie wir aussehen,
egal, was wir können,
egal, was wir von uns selbst denken,
egal, was andere von uns denken,
egal, was wir getan oder nicht getan haben,
egal, wie es uns geht.
Du öffnest dein Herz ganz weit für uns
und deine ganze Schöpfung.
G-tt, deine Liebe ist wunderbar! Danke.
Amen.

♫ Wir beten das Jesusgebet – mit Bewegungen (siehe S. 47–48)

16. Wir singen ein Lied

Wo die Liebe wohnt (siehe S. 156 für mehr Informationen)

17. Wir werden gesegnet

A G-tt, spanne den Bogen deiner Liebe über uns auf.
(links vor dem Körper Handflächen aufeinanderlegen und mit der rechten Hand von links nach rechts einen großen Bogen beschreiben)

B G-tt, fülle unsere Hände mit deinem Segen.
(beide Hände zur Schale vor den Körper halten)

C Und gib uns ein leichtes Herz, das gerne weitergibt.
(einen Luftkuss über die geöffneten Hände pusten)

Amen.
(Hände auf die Herzgegend legen)

18. Wir verlassen den Kreis

19. Wir lösen die Kreise und Mitte auf

20. Wir löschen die Kerze und verabschieden uns

Material für Blüten-Regenbogen

- kleinen Strauß Wildblumen (z. B. Löwenzahn, Rotklee, Vergissmeinnicht)

Material für Farben-Spiel

- ausreichend kleine Kärtchen für alle Kinder in den Farben: rot, gelb, grün, grau, braun und weiß

Materialien für Regenbogen-Experiment

- *1 große Glasschüssel*
- *1 kleinen Spiegel/Spiegelfliese*
- *Wasser*
- *Sonnenstrahlen oder 1 Taschenlampe*
- *1 weißes Tuch*

Materialien für Seifenblasen-Phantasie

- *Zutaten für Seifenlauge*
- *Schüsseln oder Teller*
- *Pfeifenputzer für Seifenblasen-Ringe*
- *alte Handtücher*

Juli

Gut gemeint und gut gemacht (Genesis 1,1 – 2,3)

Der Sommer ist hoffentlich in vollem Gange. Jetzt ist die beliebteste Draußen-Zeit des Jahres. Die Nächte sind kurz und laden vielleicht sogar dazu ein, eine Nacht unter freiem Himmel zu verbringen. Und die Tage scheinen unendlich und verlocken zu vielen Spielen und Abenteuern draußen in der Natur. Der kindlichen Kreativität und Phantasie sind somit keine Grenzen gesetzt.

Die erste biblische Schöpfungserzählung erzählt von göttlicher Kreativität, Selbstwirksamkeit und Wertschätzung. „Und Gott sah alles, was Gott gemacht hatte: Sieh hin, es ist sehr gut“ (BigS). Gott feiert sich sozusagen für die großartige Schöpfung.

Und sie erzählt von der Gottebenbildlichkeit der Menschen. „Lasset uns Menschen machen, ein Bild, das uns gleich sei“, heißt es in der Lutherübersetzung von 2017. In uns sind göttliche Kreativität, Selbstwirksamkeit und Wertschätzung hineingelegt.

Jedes neugeborene Menschenkind bringt das Potenzial mit, diese (Menschen-)Welt zu einer besseren Version ihrer selbst zu verändern. Was es dafür braucht, sind das Vertrauen in und die Förderung der kindlichen Kreativität und die positive Wertschätzung der Selbstwirksamkeit von Kindern. Was für ein Potenzial – bei weltweit mehr als 2 Milliarden Kindern und Jugendlichen unter 18 Jahren!

1. Das Team bereitet den Platz vor

2. Das Team begrüßt die Kinder (und Erwachsenen), sammelt sie im Kreis und verteilt liturgische Texte zum verteilten Lesen

3. Wir gestalten gemeinsam die Mitte (siehe S. 32–34)

4. Wir stellen uns einander vor und treten über die Schwelle in unseren Kirchraum auf Zeit
Sage uns und den Wesen an diesem Platz deinen Namen und erzähle uns von einer Sache, die du selbst gemalt, gebaut, gestaltet oder gemacht hast, und die du sehr schön findest!

5. Wir hören das Votum und entzünden die Kerze

A Wir, die wir aus Erde gemacht sind,
feiern diesen Gottesdienst im Namen von Gott*Ewige.
B Gott*Ewige gibt uns Luft zum Atmen,
C lässt unser Herz brennen vor Liebe
und schenkt uns lebendiges Wasser. Amen.

6. Wir singen ein Lied

Wir fangen an fröhlich zu sein (siehe S. 156 für mehr Informationen)

7. Wir erleben einen Psalm (nach Psalm 138)

Alle: Gott*Ewige, mein Herz singt dir mein Danklied.

In die Schöpfung hast du deine ganze Liebe gelegt.
Mein Leben umhüllst du freundlich und treu.
Du hast alles mit Lebendigkeit gekrönt.
So möge alles Lebendige in das Danklied einstimmen.

Alle: Gott*Ewige, mein Herz singt dir mein Danklied.

Ich wende mich an dich
mit meinem Schmerz, meiner Angst, Traurigkeit oder Wut
und du erfüllst mein Herz mit liebevoller Kraft.

Alle: Gott*Ewige, mein Herz singt dir mein Danklied.

Wenn ich keine Ideen mehr habe und nicht weiß,
wie es weitergeht,
erfüllt mich deine Schönheit und belebt mich neu.
Deine Freundlichkeit und Güte werden mich immer begleiten.

Alle: Gott*Ewige, mein Herz singt dir mein Danklied.
Amen.

8. Wir hören die biblische Geschichte und teilen unsere Ideen

*Der*die Erzähler*in tritt ausnahmsweise aus dem Kreis heraus, da für die kreative Gestaltung im Kreis nicht genug Platz ist.*

Während der Erzählung wird rund um den Schwellenkreis für den jeweiligen Tag ein kleiner Kreis aus einem Seil und die entsprechende Zahl dazu gelegt.
Die Erzählung wird zwei Mal erzählt. Das erste Mal jetzt, das zweite Mal nach der kreativen Phase in der Entdeckungstour-Zeit.

*Erzähler*in steht auf und beginnt zu sprechen:*
Wir blicken zurück.
Lange zurück.
Lange bevor die Menschen anfingen, ihre Geschichten mit Gott*Ewige aufzuschreiben.
Da schon erzählten die Menschen einander und malten sich aus,
wie es wohl gewesen sein mochte,
am Anfang.
Also ganz am Anfang.
Am Anfang von allem.
Und so erzählten sie:

*Erzähler*in verlässt den Kreis und legt Kreis und Zahl 1.*
Am ersten Tag vom Anfang von allem war Gott*Ewige da.
Auf der Erde war es dunkel und wüst.
Die Geistkraft von Gott*Ewige bewegte sich mit ihrer ganzen Liebe über allem.
Gott*Ewige sprach liebevoll: „Licht."
Und da war Licht.
Und Gott*Ewige sah: Ja, es war gut.

*Erzähler*in geht etwas weiter und legt Kreis und Zahl 2.*

Der zweite Tag.
Gott*Ewige sprach liebevoll: „Wasser findet seinen Platz."
Ein Teil Wasser wurde das Meer,
der andere Teil wurde der Himmel.
Und dazwischen war es trocken: die Erde.
Und Gott*Ewige sah: Ja, es war gut.

*Erzähler*in geht etwas weiter und legt Kreis und Zahl 3.*

Der dritte Tag.
Gott*Ewige sprach liebevoll: „Grün soll sprießen. Gräser, Pflanzen, Bäume."
Und es wuchsen Gräser, Pflanzen
und Bäume mit leckeren Früchten und Samen.
Und Gott*Ewige sah: Ja, es war gut.

*Erzähler*in geht etwas weiter und legt Kreis und Zahl 4.*

Der vierte Tag.
Gott*Ewige sprach liebevoll: „Lichter leuchten über der Erde."
Und so scheint die Sonne für den Tag
und der Mond und die Sterne leuchten in der Nacht.
Und Gott*Ewige sah: Ja, es war gut.

*Erzähler*in geht etwas weiter und legt Kreis und Zahl 5.*

Der fünfte Tag.
Gott*Ewige sprach liebevoll: „Lebendige Wesen sollen Himmel und Meer füllen."
Und so wimmelte es im Wasser vor Meerestieren
und in der Luft flogen alle Arten von Vögeln.
Und Gott*Ewige sah: Ja, es war gut.

*Erzähler*in geht etwas weiter und legt Kreis und Zahl 6.*
Der sechste Tag.
Gott*Ewige sprach liebevoll: „Auf und in der Erde sollen
Tieren leben – kleine und große."
Und so krabbelten und krochen,
liefen und hüpften alle Arten von Tieren los.

Und Gott*Ewige sprach liebevoll: „Auf der Erde sollen Menschen leben."
Und so erblickten die Menschen das Licht der Welt.
Gott*Ewige sagte zu den Menschen:
„Genießt und liebt, was um euch ist!
Kümmert euch um die anderen,
und sorgt mit Liebe für alle!"
Und Gott*Ewige sah alles: Oh ja, es war sehr gut!

*Erzähler*in geht etwas weiter und legt Kreis und Zahl 7.*
Der siebte Tag.
Gott*Ewige ruhte nun von allen Werken und schaute alles an.
Und Gott*Ewige sprach liebevoll: „Der Anfang ist gemacht.
Jetzt habe ich alles ins Leben geliebt
und immer und ewig werde ich es lieben!"

*Erzähler*in kehrt in den Kreis zurück.*
„Ja, so wird es gewesen sein,
am Anfang von allem,
als unsere Geschichte mit Gott*Ewige begann",
sagten sich die Menschen.

Ich danke den Menschen für ihre Bilder vom Anfang von allem. Und ich danke den Menschen, die diese Geschichte für uns in der Bibel aufbewahrt haben.

9. Wir sind Gäste an diesem Ort (siehe S. 40)

10. Wir gehen auf Entdeckungstour

Sieben Bilder vom Anfang von allem

Die Kinder gestalten mit Ton Bilder zu den sieben Schöpfungstagen. Auf Karton wird an jedem Kreis ein Kloß Ton bereitgelegt. Die Kinder suchen sich den Tag aus, zu dem sie ein Bild, eine Figur formen wollen.

Anschließend sammelt sich die Gruppe und betrachtet nacheinander alle sieben Bilder und hört dazu noch einmal die Erzählung vom Anfang von allem.

Anders als bei den anderen Gottesdiensten, bleiben die sieben Bilder nach dem Gottesdienst liegen. Der Ton wird sich durch Regen und Tau nach und nach auflösen.

Sommer-Elfchen dichten

Elfchen sind Gedichte aus elf Worten in fünf Zeilen. Auf vorbereiteten Karten dichten die Kinder ihr Sommer-Elfchen.

Ein Beispiel:

1	ein Wort	Sommer
2	zwei Worte	viel Spaß
3	drei Worte	mit lustigen Ideen
4	vier Worte	von morgens bis abends
5	ein Wort	schön

Ding-Raten

Aus einer Auswahl vorbereiteter Kärtchen mit Begriffen zieht jedes Kind einen Begriff und formt danach ein Ding aus Ton. Die anderen sollen erraten, was dieses Ding, diese Figur sein könnte. Dabei soll es nicht zu einfach und gleichzeitig nicht zu schwierig zu erraten sein.
In einer ersten Raterunde fragen die anderen Kinder nach Eigenschaften des Dings, z. B. „Ist das Ding lebendig?“, „Kann das Ding laufen?“, „Ist das Ding grün?“. Der*-die Künstler*in antwortet mit Ja, Vielleicht, Kann ich nicht eindeutig beantworten oder Nein. Bei einem Nein geht es zum nächsten Ding. Es gibt keine*n Gewinner*in. Es geht um den Ratespaß an sich.

Die Idee zu diesem Spiel kommt von dem kreativen Ratespiel „Barbarossa und die Rätselmeister“ von Klaus Teuber von 1988.

Blüten-Memory

Jedes Kind sucht je zwei Blüten von der gleichen Pflanzenart. Falls nur wenig Blühendes zu finden ist, sind auch kleine Früchte oder besondere kleine Blätter möglich, die sich sehr ähneln.
Das Team sammelt in der Zwischenzeit große Blätter zum Verdecken der Blüten, kleinen Blätter oder Früchte. Diese großen Blätter, z. B. von Haselnuss, Pappel oder Linde, sollten alle in etwa gleich groß und gleich geformt sein.
Das Team arrangiert die Blüten, Früchte oder kleinen Blätter auf einem Tuch und verdeckt sie mit den großen Blättern. Und nun kann das beliebte Suchen und Erinnern beginnen.

 **11. Wir singen ein Lied**

Gottes Welt, ein großer Garten (siehe S. 156 für mehr Informationen)

12. Wir teilen unsere Erlebnisse – im Erzählkreis oder in kleinen Erzählgruppen

13. Wir singen ein Lied
Ich glaube, dass Gott mich geschaffen hat (siehe Noten S. 36)

Optional bei einem längeren Gottesdienst:
Wir essen und trinken gemeinsam

Ist das essbar – oder kann das weg? Wildpflanzen erkunden und verwenden
Diese Entdeckungstour eignet sich am besten für einen Gottesdienst im Garten mit einem Tisch und den nötigen Utensilien in der Nähe.
Viele Wildpflanzen betrachten die Menschen als Unkraut: Giersch, Brennnessel, Gundermann, Löwenzahn ... Klar, wenn sie genau dort wachsen, wo wir es im Garten schön gemacht haben, stören sie uns. Aber: die allermeisten Wildpflanzen erfüllen eine wichtige Aufgabe im großen Ganzen der Schöpfung, sind Futter für bestimmte Insekten und deren Nachwuchs. So sind die Schmetterlingsarten Admiral, Kleiner Fuchs und Tagpfauenauge auf die Brennnessel angewiesen, da sie sich auf sie als einzige Futterpflanze spezialisiert haben.

Es ist spannend, all die essbaren Wild- und auch Heilkräuter kennenzulernen und die eine oder andere Leckerei damit auszuprobieren. Geht mit den Kindern und mit einer App oder Büchern zur Pflanzenbestimmung auf Entdeckungstour.

Wichtig dabei: nutzt nur Wildkräuter, die ihr selbst einwandfrei bestimmen könnt und wisst, dass sie essbar sind! Vor der Verwendung werden die Wildkräuter und Blüten vorsichtig gewaschen und trockengetupft.

Erfrischende Kräuterlimonade (einige Stunden vorher vorbereiten)
10 Blätter Giersch, 1 Stängel Gundermann, 1 Stängel Minze, 5 Blätter Zitronenmelisse waschen und zusammenbinden und in einem Liter klarer Apfelsaft mindestens 5 Stunden ziehen lassen. Anschließend ausdrücken und entnehmen. Die Kinder sammeln vor Ort noch Gänseblümchenblüten und Blütenblätter von Gartenrosen, Löwenzahn oder Margeriten. Sie verschönern die Limonade und können mitgetrunken werden. Die Limonade wird kurz vor dem Verzehr mit mindestens 2 Liter Mineralwasser aufgefüllt.

Einfach: Kräuterbutter oder Kräuterquark
Spitzwegerich, Giersch, Wilde Rauke, Taubnessel, Beifuß, Sauerampfer und Gartenkräuter wie Schnittlauch, Melisse, Minze werden kleingeschnitten und mit weicher Butter oder mit mildem Quark vermengt und mit Salz und Pfeffer abgeschmeckt. Dazu Brotstücke oder Cracker.

Wir gehen wieder auf Entdeckungstour

„Kind der Erde"-Tanz
Nach dem Lied „Kind der Erde" von Amei Helm wird ein einfacher Tanz getanzt. Im Internet findet sich ein Video, mit dem das Lied und der Tanz erlernbar sind.

aus: Möge Heilung geschehen!

♫ *Wir singen ein Lied*
Wir teilen wieder unsere Erlebnisse
♫ *Wir singen ein Lied*

14. Wir werden aktiv („wie eine Kollekte")

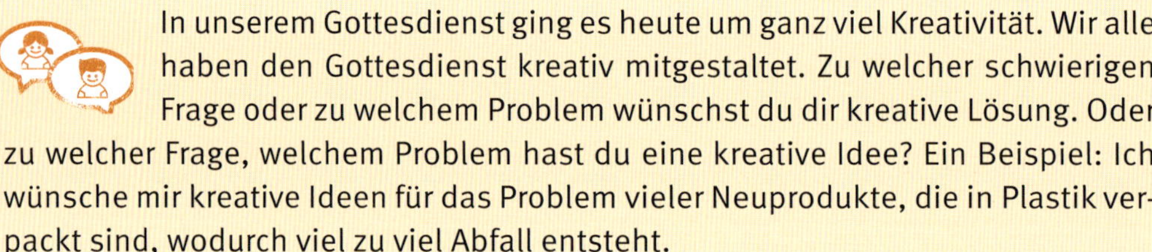

In unserem Gottesdienst ging es heute um ganz viel Kreativität. Wir alle haben den Gottesdienst kreativ mitgestaltet. Zu welcher schwierigen Frage oder zu welchem Problem wünschst du dir kreative Lösung. Oder zu welcher Frage, welchem Problem hast du eine kreative Idee? Ein Beispiel: Ich wünsche mir kreative Ideen für das Problem vieler Neuprodukte, die in Plastik verpackt sind, wodurch viel zu viel Abfall entsteht.

15. Wir beten miteinander und füreinander

Gott*Ewige, du hast diese Welt wunderbar geschaffen.
Danke, dass wir auf diesem Planeten Erde leben können.
Deine Schöpfung ist so vielfältig und wir sind ein Teil davon.
Jede und jeden von uns hast du besonders gemacht.

Und jede und jeder von uns macht irgendetwas besonders gerne:
Ob Lieder, Spiele oder Tänze erfinden,
etwas bauen oder reparieren,
schlaue Sachen denken und aufschreiben,
Lösungen für Probleme finden,
Streit schlichten, neue Freundschaften schließen.

Es gibt so viele Arten, wie wir kreativ sein
und diese Welt mitgestalten können,
damit alle – Tiere, Pflanzen und Menschen –
gut und in Frieden leben können.
Amen.

Wir beten das Jesusgebet – mit Bewegungen (siehe S. 47–48)

16. Wir singen ein Lied

Wie groß ist Gottes Liebe (siehe S. 156 für mehr Informationen)

17. Wir werden gesegnet

A Gott*Ewige, Quelle alles Lebendigen, sprudle in uns.
B Gott*Ewige, Quelle der Liebe, fließe von Mensch zu Mensch.
C Gott*Ewige, Quelle des Friedens, segne uns und deine ganze Schöpfung.
Amen.

18. Wir verlassen den Kreis

19. Wir lösen die Kreise und Mitte auf

20. Wir löschen die Kerze und verabschieden uns

Materialien für biblische Geschichte

- 7-mal ca. 2 m langes Seil
- Ziffern 1 bis 7 aus Pappe oder Pfeifenputzer in einem Korb

Materialen für sieben Bilder vom Anfang von allen

- Schulton
- Wasser und alte Handtücher (zum Händewaschen)

Material für Sommer-Elfchen

- Karten und Stifte für Sommer-Elfchen

Material für das Ding-Raten

- Begriffskarten für das Ding-Raten
- Schulton

Material für Blüten-Memory

- 1 Tuch für das Blüten-Memory

Materialien für Kräuter-Limonade und Kräuterbutter

- *Zutaten, Geschirr und Besteck für Kräuter-Limonade und Kräuterbutter oder -quark (mehr Details siehe bei den Rezepten auf S. 101)*

Materialien für „Kind der Erde“-Tanz

- *Bluetooth-Box und Smartphone*

September

Werde laut für die Leisen! (Sprichwörter 31, 1-9)

Vor über dreißig Jahren wurde die Kinderrechtskonvention der Vereinten Nationen verabschiedet. Erstmals wurden die Rechte der jungen und jüngsten Generationen formuliert. Und immer noch ist der Weg weit, ihren Rechten in den Ländern dieser Welt Geltung zu verleihen, die Kinder wirklich in ihren Rechten zu schützen, zu stärken und ihnen ein Leben in Würde und freier Entfaltung zu ermöglichen.

Kinder haben u. a. das Recht auf Information und Bildung, auf Beteiligung an Entscheidungen, die sie betreffen. Sie haben das Recht, sich zusammenzutun und für ihre Belange zu demonstrieren.

Die biblischen Worte für diesen Gottesdienst stammen von einer Königsmutter. Sie gibt ihrem Sohn eine weise Botschaft mit auf den Weg ins Leben, was in ihren Augen wirklich zählt, um ein guter und gerechter König zu sein. Es sind nur wenige Verse im Buch der Sprichwörter. Doch die sind aussagekräftig. „Keine Sperenzchen mit Frauen und keinen Alkohol, sonst verlierst du deine eigentliche Aufgabe als König aus den Augen: deine Stimme zu erheben für die Armen und Rechtlosen!"

Mit Blick auf Klimawandelfolgen, kriegerische Auseinandersetzungen, auf zunehmenden Rassismus in den Gesellschaften und die Zerstörung ökologischer Lebensräume brauchen Kinder Erwachsene, die ihnen Orientierung und Halt geben auf Grundlage einer menschen- und lebensfreundlichen, demokratischen Haltung. Eine Haltung, die sich aus der Liebe Gottes für die Menschen und die ganze Schöpfung speist.
Kinder brauchen Erwachsene, die sie ermutigen und ihnen zutrauen, sich in diese Welt einzumischen und sie mit ihrer Kreativität und ihren Herzensanliegen zum Besseren zu gestalten.

In den Entdeckungstouren stelle ich Ta'Kaiya Blaney vor, eine junge indigene Frau aus Kanada, die sich bereits seit ihrem neunten Lebensjahr gegen ein Öllieferungsprojekt engagiert, welches das Territorium von Ta'Kaiyas Volk gefährdet. Sie hat ihre Stimme immer wieder laut erhoben, z. B. mit mehreren Liedern und als 14jährige Schauspielerin in dem Film „Die Stimme deines Herzens". Dieser Film erzählt vom Einsatz eines indigenen Mädchens für den Schutz ihres Territoriums vor ökologischer Zerstörung durch wirtschaftliche Interessen.

1. Das Team bereitet den Platz vor

2. Das Team begrüßt die Kinder (und Erwachsenen), sammelt sie im Kreis und verteilt liturgische Texte zum verteilten Lesen

3. Wir gestalten gemeinsam die Mitte (siehe S. 32–34)

4. Wir stellen uns einander vor und treten über die Schwelle in unseren Kirchraum auf Zeit
Sage uns und den Wesen an diesem Platz deinen Namen und erzähle uns: Wann bist du das letzte Mal richtig laut geworden?

5. Wir hören das Votum und entzünden die Kerze

Das Votum wird als Ruf und Antwort (Call and Response) gestaltet.

Gott ist unsere Mitte,
die Mitte der Schöpfung,
die Mitte der Welt.
Wir feiern diesen Gottesdienst im Namen Gottes.
Amen.

6. Wir singen ein Lied
♫ *Singe laut und wild* (siehe S. 156 für mehr Informationen)

7. Wir erleben eine Spürübung und einen Psalm (nach Psalm 19)

Für den Psalm nach der Spürübung lernen wir jetzt schon mal den Kehrvers für den Psalm. Wir sprechen ihn alle zusammen.

Alle:
Himmel und Erde, Tag und Nacht
singen von deiner liebevollen Schönheit, G-tt.

Für die Spürübung stellen wir uns hin, mit so viel Abstand, dass jede*r von uns gut und ungestört die nächsten Minuten erleben kann.
Wir beenden die Spürübung mit dem Psalm und dem Kehrvers.

Nun werde still und nimm wahr, wie du jetzt hier stehst.
Entspanne dich beim Atmen und lass von der Anspannung in dir los.
Wenn du magst, schließe jetzt die Augen. Du kannst sie jederzeit wieder öffnen, wenn dir danach ist.
Du kannst deinen Blick auch auf dem Boden vor dir ruhen lassen.

Nun lausche den Geräuschen, die von jenseits des Kreises zu dir dringen.
Höre genau hin. Was nimmst du wahr?
Vielleicht Vogelstimmen? Den Wind? Andere Tiere oder Menschen?
Lausch eine Weile. So lange, wie es dir gefällt.
Oder bis wir in den Kehrvers einstimmen und wir alle die Augen wieder öffnen
… Pause …

Alle:
Himmel und Erde, Tag und Nacht
singen von deiner liebevollen Schönheit, G-tt.

G-tt,
in der Schöpfung und in allen Geschöpfen
klingt ein Lied, das Lied deiner Liebe.
Mit meinen äußeren Ohren kann ich das Lied nicht hören.
Nur die Ohren meines Herzens vernehmen das Lied
und mein Herz singt mit.

Alle:
Himmel und Erde, Tag und Nacht
singen von deiner liebevollen Schönheit, G-tt.

G-tt,
manchmal weiß ich nicht, wie ich mich entscheiden soll,

was das richtige für mich ist.
Ich möchte auf deine leise Stimme hören,
wie auf das lautlose Liebeslied der Schöpfung.

Alle:
Himmel und Erde, Tag und Nacht
singen von deiner liebevollen Schönheit, G-tt.

G-tt, mit den Ohren meines Herzens verstehe ich dich.
Deine Wegweisungen machen mich lebendig.
Mit den Ohren meines Herzens
nehme ich deine Worte auf.
So werde ich wissen, was gut und richtig ist.

Alle:
Himmel und Erde, Tag und Nacht
singen von deiner liebevollen Schönheit, G-tt.
Amen.

8. Wir hören die biblische Geschichte und teilen unsere Ideen

Ich möchte euch von einem ganz besonderen König erzählen. Sein Name wird nur ein einziges Mal in der Bibel genannt. Und eigentlich wissen wir gar nichts über ihn, außer eben seinen Namen. Er hieß Lemuel. Das ist hebräisch und bedeutet „zu G-tt gehörend".
Das Einzige, was wir über König Lemuel in der Bibel finden, sind die Lebensregeln, die seine Mutter ihm mit auf den Weg gab, damit er ein guter König werde.

Also, vielleicht war es mit König Lemuel ja so, wie ich es euch nun erzählen werde.

Es war im zehnten Jahr seiner Regentschaft. Da wurde König Elior, sein Name bedeutet „Mein G-tt ist mein Licht“, plötzlich sehr krank. Seine Hofärzte taten alles, was sie konnten. Aber König Elior wurde von Tag zu Tag schwächer und es dauerte nicht lange und er starb. Alle waren sehr traurig, denn Elior war ein guter König gewesen. Sein Land lebte mit seinen Nachbarn in Frieden und alle kamen gerne ins Königreich Eliors. Alle im Land hatten ihn geliebt.

Auch Eliors Frau, Tikva, ihr Name bedeutet „Hoffnung“, und ihr einziges Kind Lemuel waren tod- traurig. Nun sollte plötzlich alles anders werden: Auch wenn Lemuel gerade erst zwölf geworden war, sollte der quirlige Junge nun bald König werden. So sah es die Tradition vor. Lemuel vermisste seinen Vater so sehr. „Ach, hätte ich doch nur besser zugehört, wenn Papa mir sagte ‚Lemuel, wenn du irgendwann König wirst, dann mach dies so oder so. Oder: mach auf keinen Fall diesen Fehler.‘ Wie dumm von mir, nun kann ich ihn nicht mehr fragen. Papa, du fehlst mir!“

Da kam seine Mutter Tikva zu Lemuel. Sie sah seinen Kummer: „Ach Lemuel, mein Kind. Ich wünschte, du könntest wieder fröhlich sein. Weißt du noch, wie viel wir – dein Vater, du und ich – manchmal gelacht haben?
Ich bin G-tt ewig dankbar, dass es dich gibt, Lemuel. Ich glaube fest daran: irgendwann wird dein Herz wieder glücklich sein! Und ich weiß, du wirst ein guter König für unser Land werden.“
„Mama, ich weiß nicht, wie ich ein guter König sein kann. Das habe ich nicht gelernt. Und nun erwarten es alle von mir. Ich habe Angst zu versagen.“

„Lemuel, ich verstehe deine Sorge. Und ich kann sie dir nicht einfach nehmen. Doch schau!“ Tikva öffnete ihre Hand und eine Kette mit drei glitzernden Anhängern kam zum Vorschein. „Ich will dir diese drei Edelsteine mitgeben. Ich lege sie dir ans Herz. Und wenn du sie hütest und pflegst, so wirst du ein weiser und guter König sein.“
Lemuel hatte noch nie solch schöne Edelsteine gesehen. Fasziniert hörte er die Worte seiner Mutter. „Dieser wasserklare Stein, der größte der drei, erinnere dich immer an das Allerwichtigste, das Edelste: Tu deinen Mund auf und erhebe deine königliche

Stimme für die, die keine Stimme haben und nicht für sich selbst sprechen können. Sei gerecht und stelle dich auf die Seite der Armen und Schwachen!" Lemuel berührte den kostbaren Stein und nickte verstehend.

„Und schau, die beiden kleineren Steine sollen dir helfen, immer einen klaren Kopf und ein offenes Herz für die Menschen zu behalten." Lemuel schaute seine Mutter fragend an. „Der blaue Stein sagt dir: betrinke dich nicht. Denn der Wein vernebelt deinen Kopf und macht dein Urteil ungerecht." „Und der rote Stein, Mama, wofür steht der?" „Der rote Stein soll dich mahnen: Wähle gut, wem du dein Herz schenken willst!" „Ach Mutter, du bist peinlich!" „Bitte, Lemuel, ich meine es ernst. Bald wirst du der neue König sein. Und viele werden begehren, an deiner Seite zu stehen und in deinem königlichen Glanz zu strahlen. Wähle deshalb deinen Herzensmenschen sorgfältig, damit sie dein Herz und deinen Kopf nicht durcheinanderbringt.
Denn du brauchst beides, deinen Kopf und dein Herz, um als König für die Menschen da zu sein, die Gott dir ans Herz legt: die Menschen in unserem Land – vor allem aber die Armen und Schwachen." Mit diesen Worten legte Tikva ihrem Sohn die Kette mit den drei Edelsteinen um.
Lemuel berührte die Steine auf seiner Brust und schloss die Augen. Er spürte, wie es ihm ganz warm ums Herz wurde. Plötzlich war ihm, als stünde nicht nur seine Mutter Tikva an seiner Seite, sondern auch sein Vater, König Elior. Lemuel fühlte Vertrauen in G-tt und Zuversicht. Zum ersten Mal seit dem Tod seines Vaters wusste er, dass alles gut werden würde.

Ich danke König Lemuel und seiner Mutter für ihre Geschichte. Und ich danke den Menschen, die diese Mutterworte für uns in der Bibel aufbewahrt haben.

Es schließt sich ein Gespräch mit den Kindern über die Geschichte an, z. B. mit den Impulsfragen von S. 39–40.

9. Wir sind Gäste an diesem Ort (siehe S. 40)

10. Wir gehen auf Entdeckungstour

Ta'Kaiya Blaney – Earth Revolution

Durch das Buch „Kinder, die die Welt verändern“ bin ich auf Ta'Kaiya Blaney aufmerksam geworden; ein neunjähriges indigenes Mädchen aus British Columbia, Kanada. Ihr Wahlspruch sprang mir förmlich ins Auge und ins Herz: „Wenn man eine Stimme hat, muss man sich auch Gehör verschaffen.“ Mittlerweile ist Ta'Kaiya Blaney eine junge erwachsene Aktivistin, Schauspielerin und Sängerin. Sie kämpft mit all ihren Begabungen für den Schutz der Natur als Lebensgrundlage der indigenen Völker Kanadas und weltweit. Sie erhebt ihre Stimme für die Mitgeschöpfe, die keine Stimme haben und für diejenigen, deren Stimmen ungehört verhallen.

Als Kind hat sie bereits mehrere berührende Songs geschrieben. Auf YouTube findet ihr u. a. „Shallow Waters“ und „Earth Revolution”. Während das erste Lied eher sehr traurige Gefühle auslösen kann, ist „Earth Revolution“ ein ermutigendes Lied, welches das Engagement, die Leidenschaft und Kreativität der „generation now“ feiert. Eine Generation von Kindern weltweit, die sich für eine lebenswerte Welt für die jetzige und die nächsten Generationen einsetzt.

Wir alle brauchen Vorbilder. Ta'Kaiya Blaney kann mit ihren Musikvideos und ihrem Engagement ein Vorbild für Kinder sein. Mutig, kreativ und mit einer liebevollen Verbindung zur Schöpfung, zur Mutter Natur.
Hört oder schaut euch gemeinsam „Earth Revolution“ an. Mit Bluetooth-Box und Smartphone oder Tablet. Vielleicht haben die Kinder Lust, dazu zu tanzen.

Ich verschaffe mir Gehör – Instrumente aus Naturmaterial

Instrumente dienen, neben der menschlichen Stimme, schon immer dazu, dem eigenen Inneren Ausdruck zu verleihen oder die Wirkung der eigenen Stimme zu verstärken. Sie ziehen unsere Aufmerksamkeit auf sich. Nicht ohne Grund haben Autos Hupen und Fahrräder Klingeln. Es gibt Situationen, in denen es wichtig ist, durch ein akustisches Signal vor einer Gefahr zu warnen oder Hilfe zu holen. „Wir sind hier, wir sind laut, weil ihr uns die Zukunft klaut!" ist ein Ruf der Fridays-for-Future-Demonstrationen. Manchmal muss man unangenehm laut werden, um sich Gehör zu verschaffen für die eigenen Herzensanliegen!

Die Kinder überlegen, welche Instrumente aus Naturmaterialien sie kennen oder von denen sie denken, man könne sie aus Naturmaterialien bauen.

Hier eine Sammlung: Grashalmpfeife (Grashalm längs zwischen die Daumen, Lippen anlegen und durch die Öffnung zwischen den Daumen pusten), Klanghölzer, Rassel, Trommel, Wasserglasorgel, Holz-Xylophon.
In meiner Kindheit in Ostfriesland war es fast wie ein jährliches Ritual, im Frühling eine Fleitjepiep (plattdeutsch für Flötenpfeife) aus einem jungen Weidenzweig zu schneiden. Dann ist die Rinde der Weidenruten noch dünn und zart.
Im Internet findet ihr dafür und für die anderen Instrumente zahlreiche Bau- und Bastelanleitungen. Die Kinder schwärmen aus, sammeln geeignetes Material und bauen ein Instrument ihrer Wahl. Mit den Instrumenten können sie auch die weiteren Lieder im Gottesdienst begleiten.

 **11. Wir singen ein Lied**

Ich glaube, dass Gott mich geschaffen hat (siehe Noten S. 36)

12. Wir teilen unsere Erlebnisse – im Erzählkreis oder in kleinen Erzählgruppen

13. Wir singen ein Lied

Geh mit mir, damit es wahr wird (siehe S. 155 für mehr Informationen)

Optional bei einem längeren Gottesdienst:

Wir essen und trinken gemeinsam

Wir gehen wieder auf Entdeckungstour

Tiergeräusche-Memory

*Jenseits des Gemeinschaftskreises wird ein großer Kreis für das Spiel gebildet. Die Kinder finden sich zu Paaren zusammen. Jedes Paar denkt sich ein typisches Tiergeräusch aus (z. B. Hühnergackern, Miauen einer Katze). Eine der beiden Personen bleibt mit geschlossenen Augen im großen Kreis, während sich die andere Person im Gelände versteckt. Die Spielleitung zählt bis 30 und eröffnet das Spiel mit dem Ruf „Ihr Mäuschen, sagt mal Piep!". Nun beginnen die versteckten Kinder, ihre Tiergeräusche zu rufen und zu wiederholen. Die Suchenden versuchen, ihre*n Partner*in zu orten. Es ist es sinnvoll, wenn alle Paare unterschiedliche Tiergeräusche gewählt haben.*

Wir singen ein Lied
Wir teilen wieder unsere Erlebnisse
Wir singen ein Lied

14. Wir werden aktiv („wie eine Kollekte")

Für wen oder was willst du deine Stimme erheben und laut werden?

 15. Wir beten miteinander und füreinander

G-tt, heute gebe ich dir den Namen „der mir eine Stimme gibt“.

Oft denke ich, ich brauche nicht zu versuchen,
etwas Wichtiges zu sagen,
weil die Anderen mir schon so viele Male
nicht zugehört haben.
Aber „der mir eine Stimme gibt“ will,
dass ich meinen Mund auftue
und meine Stimme gehört wird.
Das macht mir Mut.

Manchmal fühle ich mich neidisch,
wenn ein anderes Kind eine gute Idee hat
oder etwas Kluges sagt.
Aber „der mir eine Stimme gibt“
hat dem anderen Kind genauso eine wichtige Stimme gegeben.
Zusammen können wir lauter sein
und unseren Ideen Gehör verschaffen.
Das macht uns stark.

Immer wieder sagen Erwachsene
„Davon verstehst du nichts, du bist noch ein Kind!“
oder „Da kannst du noch nicht mitreden.“
Aber „der mir eine Stimme gibt“ will,
dass wir alle – ob klein oder groß –
unsere Begabungen und Talente einsetzen
für den Frieden, für die Gerechtigkeit
und für den Schutz der Schöpfung

und aller Geschöpfe.
Das begeistert mich.

Ich danke dir, „der mir eine Stimme gibt“.
Ich danke dir, G-tt.
Amen.

Inspiriert von Christina Brudereck in „Trotzkraft“

Wir beten das Jesusgebet – mit Bewegungen (siehe S. 47–48)

 **16. Wir singen ein Lied**

Ein Segen (Einen Mund, ein gutes Wort zu sprechen) (siehe S. 155 für mehr Informationen)

17. Wir werden gesegnet

Wir halten eine Hand wie eine Schale vor uns
Und legen die andere Hand auf die Herzregion.

A G-tt mache deine Stimme lebendig, kräftig und klar.

B G-tt mache deine Schritte mutig und lebensfroh.

C G-tt halte die Ohren deines Herzens offen.

Für das lautlose Liebeslied in der Schöpfung.
Amen.

18. Wir verlassen den Kreis

Lade G-tt ein, bei diesem Schritt über die Schwelle und bei allen deinen Schritten heute bei dir zu sein.

An den Kreis stellen. Beim Gong hinübersteigen.

19. Wir lösen die Kreise und Mitte auf

20. Wir löschen die Kerze und verabschieden uns

Materialien für Ta'Kaiya Blaney – Earth Revolution

- Bluetooth-Box und Smartphone/Tablet

Materialien für Instrumente aus Naturmaterial

- Werkzeuge für Instrumentenbau, z. B.
    - Schnitzmesser
    - Scheren
    - Bast, Garn, Schnüre aus Naturfasern
    - Kleine Handsäge

Oktober

Dankbarkeit macht großzügig (Lukas 19, 1-10)

Wir sind im Herbst angekommen, auch wenn das Wetter sich durch die Klimaerwärmung im Oktober vielleicht noch nicht danach anfühlt.

Das Erntedankfest ist nach wie vor eine wichtige kirchliche Tradition und ein schönes, sinnliches Ritual, um für die Vielfalt und Fülle der Früchte der Natur und des Lebens zu danken.

Es sind zwar immer weniger Familien in der Lebensmittelproduktion in der Landwirtschaft aktiv, doch durch urbanes Gärtnern, Gemeinschaftsgärtnern, klima- und insektenfreundliche Gartengestaltung und ökologische Nutzung von kirchlichen Flächen, Gartenprojekte in Kitas und Gemeinden wächst die Wertschätzung von Schöpfung und

Natur neu und es werden neue Formen der achtsameren Nutzung und Pflege erprobt, eingeübt und weitergegeben.

Dieser Gottesdienst stellt ein „grünes" Element in den Fokus einer oft erzählten und bekannten Geschichte: den Baum, auf den Zachäus steigt, um Jesus sehen zu können. Dieser Baum ist Zachäus auf besondere Weise zur guten Frucht geworden. Ohne ihn wäre Jesus vielleicht einfach vorbeigegangen, ohne auf Zachäus aufmerksam zu werden. Ob Zachäus dem Baum wohl später immer wieder gedankt hat? Wir wissen es nicht, aber es ist eine schöne Vorstellung.

Kinder können eine ausgeprägte Beziehung zu natürlichen Dingen und Wesen entwickeln. Steine, Kastanien, jegliche Fundstücke aus der Natur können ihnen „heilig" sein. Wehe, wenn etwas davon anscheinend achtlos entsorgt wird. Darin mag ein intuitives Wissen über den Wert und die Kostbarkeit des Lebens und der Mitgeschöpfe liegen. Das Ernte-DANK-Fest bietet den Kindern die Möglichkeit, den Mitgeschöpfen für ihr Dasein zu danken, nähren sie doch unser menschliches Leben auf vielfältige Weise, oft allein durch ihre Schönheit und Eigenart.

1. Das Team bereitet den Platz vor

2. Das Team begrüßt die Kinder (und Erwachsenen), sammelt sie im Kreis und verteilt liturgische Texte zum verteilten Lesen

3. Wir gestalten gemeinsam die Mitte (siehe S. 32–34)

4. Wir stellen uns einander vor und treten über die Schwelle in unseren Kirchraum auf Zeit
Sage uns und den Wesen an diesem Platz deinen Namen und erzähle uns: Hast du einen Lieblingsbaum? Wenn ja, wieso ist er dein Lieblingsbaum und wo steht er?

5. Wir hören das Votum und entzünden die Kerze

A Wir feiern Gottesdienst – ein Fest der Fülle.
Gott hat die Fülle der Schöpfung geschaffen.
B Jesus schenkt uns ein Leben in Fülle.
C Die Heilige Geistkraft öffnet unser Herz für die Dankbarkeit.
Amen.

6. Wir singen ein Lied

Für das Licht und für die Erde (siehe S. 155 für mehr Informationen)

7. Wir erleben ein Psalmwort und eine Spürübung (nach Psalm 92)

Ein Psalm als Ruf und Antwort (Call and Response)
Die bei Gott zu Hause sind,
werden wie Bäume sein,
die kräftige Wurzeln haben
und ein üppiges Blätterdach.
Sie werden köstliche Früchte tragen
und mit anderen großzügig teilen.
Amen.

Die Spürübung
Probiere einmal aus, ob du in die Hocke gehen kannst und deine Füße trotzdem mit der ganzen Sohle den Boden berühren.
Wenn das geht, bleibst du in der Hocke.
Wenn nicht, stehst du einfach aufgerichtet.

Wenn du magst, schließe jetzt die Augen. Du kannst sie jederzeit wieder öffnen, falls dir danach ist.

Du bist in der Hocke. Oder du stehst aufrecht.
Du spürst deine Füße auf dem Boden.
Hast du eine gute Verbindung?
Wenn nicht, verändere deinen Stand,
bis du gut mit dem Boden verbunden bist. ... *Pause* ...
Nun stell dir vor, wie durch deine Fußsohlen
Wurzeln in den Boden hineinwachsen. ... *Pause* ...
Erst ganz fein und zart ... *Pause* ...
und dann langsam immer etwas kräftiger und tiefer.
Bis du spürst, dass du gut im Boden verwurzelt bist. ... *Pause* ...

Von den Wurzeln aus,
wächst du nun dem Himmel entgegen.
Ganz langsam richtest du dich aus der Hocke auf.
Erst drückst du die Knie nach hinten und streckst die Beine.
Dabei lässt du den Oberkörper noch hängen.
Nun richtest du deine Wirbelsäule vom Becken
her langsam Wirbel für Wirbel auf.
Arme und Kopf hängen noch ganz locker.
Bis du auch den Kopf anhebst und die Schulter nach hinten rollst.

Nun bist du aufgerichtet ... *Pause* ...
und durch deinen Stamm fließt deine Lebenskraft
von den Wurzeln hinauf zur Blätterkrone. ... *Pause* ...

Du hebst deine Arme
und breitest sie aus wie Äste zur Blätterkrone.
Da stehst du. Ein lebendiger Baum. ... *Pause* ...

Und jetzt sprecht noch einmal den Psalm mit mir (Ruf und Antwort):

Die bei Gott zu Hause sind,
werden wie Bäume sein,
die kräftige Wurzeln haben
und ein üppiges Blätterdach.
Sie werden köstliche Früchte tragen
und mit anderen großzügig teilen.
Amen.

Nun löst sich das Bild vom Baum langsam auf.
Du lässt die Arme sinken,
bewegst ein wenig Arme und Beine, reckst und streckst dich.
Du öffnest deine Augen und kehrst wieder ganz hierher zurück.
Du bist nun wieder ganz du selbst.

8. Wir hören die biblische Geschichte und teilen unsere Ideen

Da war dieser Mann. Dieser kleine Mann, der schon viel von Jesus gehört hatte. Der neugierig war, Jesus kennenzulernen. Der sich aber nicht traute, sich mit seiner Neugier zu zeigen und persönlich zu Jesus zu gehen. Denn dieser Mann war einer, der von vielen Menschen nicht gut angesehen wurde. Dieser Mann, ich nenne ihn mal Zachäus, dieser Zachäus war Zöllner. Einer, der den Menschen am Stadttor Geld abnimmt, wenn sie ihre Waren zum Markt in die Stadt bringen wollen. Er war nicht gut angesehen. Die Menschen ärgerten sich über ihn: „Er nimmt uns zu viel Geld ab und arbeitet für die Römer, die unser Land besetzt halten."

Um Jesus sehen zu können, kam dieser kleine Mann Zachäus auf eine großartige Idee: Er kletterte auf einen Baum. Und hatte so wunderbar freie Sicht auf Jesus.

Und er wurde überrascht. Denn Jesus hatte auch ihn gut gesehen. Er rief: „Zachäus, steig vom Baum herab. Ich möchte dich in deinem Haus besuchen!“ Überrascht und voller Freude kletterte Zachäus vom Baum und sorgte für ein gastliches Mahl. Am Ende des Tages war er so von Jesus begeistert, dass er erklärte: „Jesus, ich gebe die Hälfte von meinem Hab und Gut an die Armen. Und wenn ich jemanden betrogen habe, gebe ich ihm das Vierfache zurück.“
Jesus umarmte Zachäus herzlich. „Genau darum wollte ich heute dein Gast sein!“

Etwas ist mit Zachäus geschehen. Er gibt von seiner Fülle anderen ab. Und was er sich zu Unrecht genommen hat, dafür will er mehr zurückgeben. Und das alles nur, weil dieser kleine Mann zum richtigen Zeitpunkt auf einen Baum gestiegen ist. Dieser Baum hat für Zachäus richtig gute Frucht gebracht.

Ich danke diesem Mann Zachäus für seine Geschichte. Ich danke dem Baum und Jesus. Und ich danke den Menschen, die diese Geschichte für uns in der Bibel aufbewahrt haben.

Es schließt sich ein Gespräch mit den Kindern über die Geschichte an, z. B. mit den Impulsfragen von S. 39–40.

9. Wir sind Gäste an diesem Ort (siehe S. 40)

10. Wir gehen auf Entdeckungstour

Bäume bestimmen und Rinden-Bilder schraffieren

In Zweier- oder Dreier-Teams schwärmen die Kinder aus, ausgestattet mit einem Baumbestimmungsbuch, zwei drei Blatt Papier und Wachsmalern. Sie suchen sich einen Baum aus, den sie noch nicht kennen. Anhand der Form der Blätter oder Nadeln, der Früchte, der Farbe und Struktur der Rinde, der Wuchsform etc. versuchen sie herauszufinden, um welche Baumart es sich handeln könnte. Mit einem Blatt Papier und den Wachsmalern fertigen sie eine Rinden-Schraffur an.

Für den Austausch in der Erzählrunde bringen sie einige Blätter, ggf. Früchte und die Rinden-Schraffur mit zum Kreis.

Einheitsbuddeln – Baumpflanzaktion

Seit 2019 bereichert das „Einheitsbuddeln" als Baumpflanzaktion die Feierlichkeiten zum Tag der Deutschen Einheit. Die Idee ist, dass jedes Jahr am 3. Oktober möglichst viele Menschen in Deutschland einen Baum pflanzen. Bislang wurden über 300.000 Bäume gepflanzt.
Auf der jeweils aktualisierten Website einheitsbuddeln.org kann die eigene Baumpflanzaktion in eine Deutschlandkarte eingetragen und auch beworben werden. Die Aktion bietet sich an, um einen Generationen-verbindenden und aktiven Gottesdienst mit vielen Menschen aus der Gemeinde zu gestalten. Die Website gibt außerdem Information zur Baumauswahl und zur erfolgreichen Pflanzung.

Nach der Pflanzung werden alle eingeladen, den Bäumen gute Wünsche mit auf den Lebens-„Weg" zu geben. Vielleicht in Form kleiner Kärtchen, die bemalt oder beschriftet werden und mit Bast vorsichtig an den Zweigen der Jungbäume befestigt werden.

Dankbarkeitsexpedition

Vielleicht hat Zachäus sich später einmal bei dem Baum bedankt, auf den er geklettert war, um Jesus zu sehen? Wir wissen es nicht, aber möglich wäre es schon!
Wenn gleich der Gong ertönt, drehst du dich um und gehst über die Schwelle in diese besondere Welt der Natur. Entdecke die Zeichen der Fülle in der Schöpfung. Früchte, Samen, alte und junge Pflanzen. Tiere, Insekten, Vögel, Luft, Licht, und, und, und.
Danke jedem Zeichen der Fülle dafür, dass es da ist. „Danke, Rotkehlchen, dass du da bist." „Danke Tannenzapfen, dass es dich gibt."
Und wenn du magst, bringst du etwas von der Fülle mit hierher an den Kreis: Geschenke, die der Wald / die Natur dir überlässt.
Du darfst gerne alleine gehen. Aber wenn du mit jemanden zusammen gehen möchtest, ist es auch ok. Redet nur, was nötig ist. Bleibt bitte so in der Nähe, dass ihr unseren Platz noch sehen könnt oder euch sicher seid, dass ihr den Gong hört. Kehrt an den Kreis zurück, wenn der Gong in einigen Minuten wieder ertönt.
Bleibt dann am Kreis stehen, bis alle da sind und wir gemeinsam wieder über die Schwelle gehen.

♫ **11. Wir singen ein Lied**

So groß wie ein Baum (siehe S. 156 für mehr Informationen)

12. Wir teilen unsere Erlebnisse und unsere Geschenke des Waldes / der Natur – im Erzählkreis oder in kleinen Erzählgruppen

♫ **13. Wir singen ein Lied**

Ich glaube, dass Gott mich geschaffen hat (siehe Noten S. 36)

Optional bei einem längeren Gottesdienst:
Wir essen und trinken gemeinsam

Die Herbstzeit lädt nochmal ein, Früchte aus den eigenen Gärten zu genießen. Die Kinder werden vorher gebeten, eine Handvoll Früchte mitzubringen. Sie können wie bei einem klassischen Gottesdienst zu Erntedank auch am Anfang mit in die Kreisgestaltung einbezogen werden. Auf Tellern oder Tüchern dürfen die Kinder ihre Früchte in die Mitte legen.
Taschenmesser, ein paar alte Gästehandtücher und etwas Wasser solltet ihr dabei haben.

Wir gehen wieder auf Entdeckungstour

Förster*in und die Aufgaben kennenlernen
*Ladet den*die Bezirksförster*in zum Gottesdienst ein, um von den Aufgaben und der Arbeit als Förster*in zu erzählen. Oder noch besser: geht mit ihm*ihr auf Walderforschung.*

Mandala gestalten in der Mitte
Die Kinder sammeln im Wald Früchte, Blätter, Blüten, Zapfen oder bringen solche Naturgaben schon von zuhause mit. In kleinen Gruppen (3–4 Personen) legen sie im Gelände Dank-Mandalas. Gemeinsam geht die ganze Gruppe anschließend von Mandala zu Mandala und würdigt die Kunstwerke.

Alternativ lässt sich auch die Kreismitte mit dem Kreuz mit Naturfundstücken zu einem Gemeinschafts-Kunstwerk füllen.

Barfußpfad

Gemeinsam überlegt ihr in der Gruppe, welche verschiedenen Untergründe der Barfußpfad haben soll. Anschließend sammeln die Kinder in Kleingruppe das jeweilige Material.

Das Team legt mit Seilen oder Ästen die Fächer des Barfußpfades aus, die Kinder füllen anschließend ein Fach mit ihrem Material, z. B. Zapfen, Eicheln, Kastanien und Blätter.

Ziel ist natürlich die Erkundung des Bodens mit den Füßen und womöglich verbundenen Augen.

♫ *Wir singen ein Lied*

Wir teilen wieder unsere Erlebnisse

♫ *Wir singen ein Lied*

14. Wir werden aktiv („wie eine Kollekte“)

Zu wem möchte ich von hier aus heute gehen und mich für etwas bedanken?

Wem möchte ich von meiner Fülle abgeben? Vielleicht von meiner Zeit, von meinen guten Wünschen oder von meiner Kraft? Oder besitze ich etwas, das jemand anderes gut gebrauchen könnte?

 15. Wir beten miteinander und füreinander

Gott, heute gebe ich dir den Namen „ewige Fülle“.

Ewige Fülle,
manchmal fühle ich mich leer und meine,
die anderen haben mehr als ich.
Dann denke ich, ich will auch mehr
– mehr Taschengeld, mehr Spielzeug, mehr tolle Klamotten.
Damit ich mich glücklich fühle.
Aber macht das wirklich glücklich?

Wenn ich meine Augen und mein Herz öffne,
erkenne ich, worauf es wirklich ankommt:
auf dich, ewige Fülle,
und auf deine Liebe, die du in die Schöpfung legst.

Ich erkenne: es sind die Sachen,
die nichts kosten, die wirklich glücklich machen:
Das Lächeln, das mir geschenkt wird, wenn ich selbst lächle.
Die Hilfe, die ich bekomme, wenn auch ich jemandem geholfen habe.
Die Freude, wenn ich teile und wenn jemand mit mir teilt.
Die Freundschaft, die auch doofe Worte aushält
und sich für Versöhnung nicht zu schade ist.
Die lachende Sonne,
die raschelnden Blätter im Wind,
die leckeren Äpfel im Gras.

Hier spüre ich deine Liebe, ewige Fülle.
Sie ist die größte Kostbarkeit in meinem Leben.

Danke für unser Fest der Fülle
und der Gemeinschaft. Amen.

Wir beten das Jesusgebet – mit Bewegungen (siehe S. 47–48)

♫ 16. Wir singen ein Lied

Ein Segen (Einen Mund, ein gutes Wort zu sprechen) (siehe S. 155 für mehr Informationen)

17. Wir werden gesegnet

Linke Hand offen zur Mitte, rechte Hand auf Arm oder Schulter des*der Nachbar*in. Der Segen wird als Ruf und Antwort (Call and Response) gestaltet.

Gott segne Dich.
Gott gebe dir, was du zum Leben brauchst.
Gott schenke dir offene Augen und ein dankbares Herz.
So segne dich Gott – heute, morgen und alle Zeit.
Amen.

18. Wir verlassen den Kreis

Nun treten wir ein letztes Mal über unsere Schwelle hinaus. Hinaus in den weiteren Tag, in die neue Woche. Wenn du hinübergehst, nimm in deinem Herzen mit, was du besonders liebgewonnen hast.

19. Wir lösen die Kreise und Mitte auf

20. Wir löschen die Kerze und verabschieden uns

Materialien für Bäume bestimmen und Rinden-Bilder schraffieren

- Baumbestimmungsbücher
- DIN-A4-Papier
- Wachsmalkreiden

Materialien für Einheitsbuddeln – Baumpflanzaktion

- Jungbäume oder -sträucher
- Kompost
- Spaten
- Gießkannen und Wasser (oder Wasserschlauch)
- kleine Kärtchen mit Bastschnüren
- Stifte zum Malen und Schreiben

Materialien für gemeinsames Essen und Trinken

- *Teller oder Tücher für Früchte der Kinder*
- *Taschenmesser*
- *Wasser und alte Handtücher (zum Händewaschen)*

Material für den Barfußpfad

- *Seile für den Barfußpfad*

Dezember

Ein Licht in der Dunkelheit (Matthäus 2,1-15)

Mit dem Dezember beginnt der Winter. Monate mit Kälte und wenigen Lichtstunden liegen vor uns. Dunkelheit und Winterkälte sind für viele junge und ältere Menschen besetzt mit Unbehagen, Schwere und Schwermütigkeit, manchmal gar mit Angst. Das Bedürfnis nach Licht und Wärme, nach Ermutigung spiegelt sich in den adventlichen Dekorationen in Häusern und Straßen, im Brauchtum und in den Festen dieser Zeit. Von Nikolaus, über Lucia bis hin zu Weihnachten in der christlichen Tradition und Chanukka, dem jüdischen Lichterfest im Judentum.

Darüber kann das eigentliche Wahrnehmen der dunkleren Jahreszeit, das Kürzerwerden der Tage in den Hintergrund rutschen. Je mehr Lichter wir ständig um uns herum einschalten, desto dunkler erscheint die Natur.

Dieser Gottesdienst spielt mit Licht und Dunkelheit und entfaltet seinen besonderen Zauber, wenn er am späten Nachmittag hinauslockt, um gemeinsam die Dämmerung und Ausbreitung der Dunkelheit zu erleben.
Dann bietet der Gottesdienst den Kindern einen Erprobungsraum für neue, überraschende Erfahrungen mit der Dunkelheit.

Die biblische Erzählung von den drei Sterndeutern, die einem leuchtenden Stern bis nach Bethlehem zum neugeborenen Jesus folgen, stellt das Licht rund um Jesus in den Mittelpunkt und wird mit brennenden Kerzen erzählt. Ist euch diese Variante zu aufwendig, könnt ihr die Kerzen auf eine reduzieren, die in einer Laterne den Stern von Bethlehem symbolisiert und während der Erzählung zu verschiedenen Stationen im Kreis getragen wird.

Seit vielen Jahren gibt es die Tradition des Friedenslichtes aus Bethlehem. Pfadfinder*innen aus Österreich reisen im Dezember nach Israel und bringen aus der Geburtsgrotte Jesu in Bethlehem das Friedenslicht nach Europa. Zum 3. Advent wird das Licht in vielen europäischen Ländern weiterverteilt. Das hat eine stärkende Symbolik und kann als Mahnung und Ermutigung zum Frieden verstanden werden.
Feiert ihr den Gottesdienst nach dem 3. Advent, könnt ihr das Friedenslicht integrieren, es als Licht für die Mitte nehmen und später an die Kinder weitergeben.

1. Das Team bereitet den Platz vor

2. Das Team begrüßt die Kinder (und Erwachsenen), sammelt sie im Kreis und verteilt liturgische Texte zum verteilten Lesen

3. Wir gestalten gemeinsam die Mitte (siehe S. 32–34)

4. Wir stellen uns einander vor und treten über die Schwelle in unseren Kirchraum auf Zeit

Sage uns und den Wesen an diesem Platz deinen Namen und was dein schönstes Erlebnis im Dunkeln / in der Dunkelheit war.

5. Wir hören das Votum und entzünden die Kerze

A Wir feiern Gottesdienst
mit Gott – Liebe, die uns erfüllt,
B mit Jesus – Licht, das unseren Weg hell macht,
C und mit der Heiligen Geistkraft – Funke, der uns begeistert.
Amen.

6. Wir singen ein Lied

Lasst euch anstiften zur Freude (siehe S. 156 für mehr Informationen)

7. Wir erleben eine Spürübung

Bei dieser Spürübung stehen wir mit so viel Abstand nebeneinander, dass jede*r von uns ungestört die nächsten Minuten erleben kann.

Nun werde still und nimm wahr, wie du jetzt hier stehst.
Entspanne dich beim Atmen und lass von der Anspannung in dir los. ... *Pause* ...
Wenn du magst, schließe jetzt die Augen. Du kannst sie jederzeit wieder öffnen, wenn dir danach ist.
Oder du lässt deinen Blick auf dem Boden vor dir ruhen.
Deine Hände legst du aufeinander ungefähr dahin, wo dein Bauchnabel ist oder ein kleines bisschen tiefer.

Nimm eine Weile lang einfach wahr, wie dein Atem kommt und geht. Du brauchst daran nichts zu verändern. Es ist gut, so wie es ist. ... *Pause* ...

Nun stell dir vor, in dir leuchtet eine kleine Kerze. Genau da, wo deine Hände auf deinem Bauch liegen, brennt dieses kleine Licht. ... *Pause* ...
Das Kerzenlicht lässt deinen Bauch warm werden und erleuchtet ihn. ... *Pause* ...

Stell dir vor, dass das Licht langsam heller leuchtet und in deine Beine hinunter strahlt, zu deinen Knien, deinen Füßen und dich wärmt bis in deine Zehenspitzen. ... *Pause* ...
Und auch nach oben in deinen Brustkorb leuchtet es. Und es strahlt in deine Arme und wärmt sie. Und dann noch weiter bis in deine Hände und Finger. Alles wird hell und wohlig warm. ... *Pause* ...
Nun stell dir vor, dass das Licht auch deinen Kopf hell und warm werden lässt. ... *Pause* ...
Das Licht scheint in dir. Von den Füßen bis zum Kopf bis du in ein golden warmes Licht gehüllt. Genieße den Blick auf dich in diesem golden warmen Licht. ... *Pause* ...

Nun löst du das Bild von der Kerze, von dem Licht in dir wieder auf. Du nimmst ein paar tiefe Atemzüge und pustest die Luft mit Geräuschen raus. Dann räkelst und streckst du dich ein wenig und öffnest langsam deine Augen. Und bist ganz wieder hier.

Anregung entnommen aus: „Im Wunderland der Phantasie“

8. Wir hören die biblische Geschichte und teilen unsere Ideen

Die Geschichte über Jesu Geburt und den Stern über Bethlehem wird mit echten Kerzen erzählt. Dazu ist draußen eher windstilles Wetter nötig. Das Entzünden der Kerzen im Verlauf der Erzählung stellt die Dynamik und Emotionalität der Geschichte in den Mittelpunkt.
Das Entzünden der Kerzen und Tragen der Laternen geschieht in Ruhe und wird von zwei Teamer*innen ausgeführt. Eine dritte Person erzählt mit ausreichend langen Erzählpausen die Geschichte.

Zur Vorbereitung:

Bitte achtet auf die Skizze zur Verdeutlichung des Ablaufs. Die „Familien-Laterne" (A) steht am Mittelkreis. Die Königskerze (Herodes) (B) steht fast gegenüber auf der anderen Seite des Mittelkreises. Die Königskerze wird nicht entzündet. Zu Beginn sind die Stern-Laterne (mit Haltestab) (C) sowie die Sterndeuter-Laterne (D) außerhalb des Außenkreises zu platzieren. Soweit als möglich, erfolgt die Bewegung der Laternen innerhalb des Kreises im „Uhrzeigersinn" – wie anhand der Skizze zu erkennen ist.

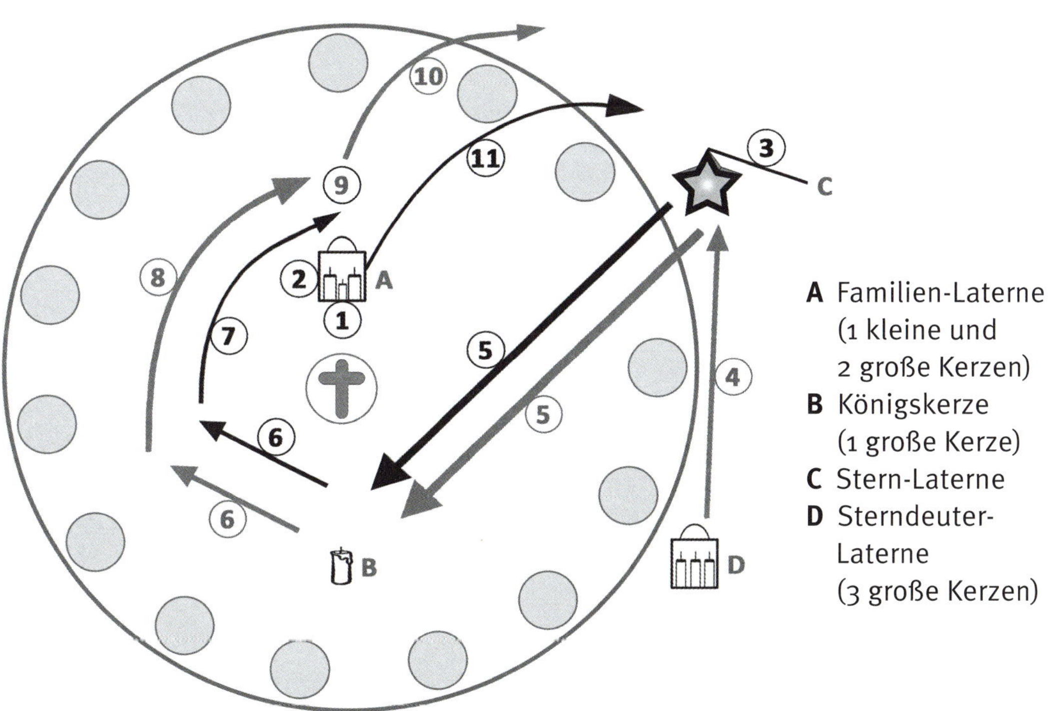

A Familien-Laterne (1 kleine und 2 große Kerzen)
B Königskerze (1 große Kerze)
C Stern-Laterne
D Sterndeuter-Laterne (3 große Kerzen)

Erzählung / **Kerzengestaltung**

1 In Bethlehem im Land Israel hat Jesus das Licht der Welt erblickt.

Person 1 entzündet am Mittelkreis die kleine Jesuskerze in der Familien-Laterne (A).

2 Er bringt die Herzen seiner Eltern, Maria und Josef, zum Leuchten.

Person 1 entzündet die beiden größeren Kerzen in der Familien-Laterne (A).

3 Weit weg, in einem anderen Land, geht zur gleichen Zeit ein leuchtender Stern am Himmel auf.

Person 2 entzündet am Außenkreis die Kerze in der Stern-Laterne.

4 Drei weise Sterndeuter entdecken den strahlenden Stern und sie wissen: „Da ist ein neuer König zur Welt gekommen – genauso leuchtend und strahlend wie der Stern, der ihn ankündigt!“ Sie lassen alles stehen und liegen und folgen dem Stern durch die Nächte.

Person 1 stellt Sternedeuter-Laterne mit drei gleichgroßen Kerzen zur Stern-Laterne. Die Kerzen sind noch nicht entzündet.

5 Sie suchen überall und kommen bis nach Jerusalem zum Palast von König Herodes:

„Wo finden wir den neuen König?“

Im Kopf von König Herodes schrillen die Alarmglocken: „Ein neuer König? Hier in Israel? Der kann mir gefährlich werden! Das muss ich verhindern!“

Stern-Laterne und Sterndeuter-Laterne werden im Uhrzeigersinn bis zur großen Königskerze getragen. Sterndeuter-Laterne wird zur Königskerze gestellt.

Er lässt die kundigsten Menschen zusammenkommen. In den alten Schriften finden sie eine Prophezeiung: „In Bethlehem wird er geboren, der Mächtige Gottes, der den Frieden stark macht."

„Bethlehem!"
Heimlich schickt der König die drei Fremden dorthin. „Bitte findet das edle Kind und bringt mir die Botschaft, wo ihr es findet. Damit auch ich ihm die Ehre erweisen kann!"
Doch in Wahrheit hat der König einen finsteren Plan.

6 Die weisen Sterndeuter brauchen die Worte des Königs nicht. Sie folgen weiter dem leuchtenden Stern.

Stern-Laterne und Sterndeuter-Laterne werden im Uhrzeigersinn weitergetragen.

7 In Bethlehem, genau über dem Ort, wo Jesus in den Armen seiner Mutter liegt, bleibt der Stern am Himmel stehen.

Stern-Laterne über die Familien-Laterne halten. Dann den Stab (wenn möglich) in die Erde drücken, damit der Stern weiter über/neben der Familie leuchtet.

8 Die weisen Sterndeuter sind außer sich vor Freude und ihre Herzen leuchten mit dem Stern um die Wette.

Die drei Kerzen in der Sterndeuter-Laterne entzünden und die Laterne nahe zur Familien-Laterne stellen.

„Endlich haben wir dich gefunden, du kostbares Königskind!" Voller Glückseligkeit und Freude beschenken sie Jesus mit Kostbarkeiten. Mit Schätzen aus ihrer Heimat.

9 Mitten in ihrer Freude hören alle drei plötzlich eine laute Stimme in ihren Herzen.
„Geht nicht zu Herodes zurück!"

Wunderkerze abbrennen.

10 Die drei vertrauen der Stimme und kehren auf einem anderen Weg in ihr Land zurück.

Sterndeuter-Laterne im Uhrzeigersinn bis zum Außenkreis tragen und abstellen.

11 Und auch Josef hört die Stimme im Traum. „Verlasst Bethlehem, verlasst das Land! Ihr seid hier nicht sicher. Versteckt euch vor dem König. Und kehrt nicht zurück, solange Herodes noch lebt."

Wunderkerze abbrennen.

Auch Josef vertraut der Stimme in seinem Herzen und bringt seine Familie in Sicherheit.

Familien-Laterne im Uhrzeigersinn zum Außenkreis tragen und abstellen.

12 Ich danke dem Stern für sein Leuchten und den Sterndeutern und Josef, dass sie auf die Stimme im Traum gehört haben. Und ich danke den Menschen, die diese Erzählung von Jesu Geburt für uns in der Bibel aufbewahrt haben.

Stern-Laterne leuchtet am Mittelkreis.

Es schließt sich ein Gespräch mit den Kindern über die Geschichte an, z. B. mit den Impulsfragen von S. 39–40.

9. Wir sind Gäste an diesem Ort (siehe S. 40)

10. Wir gehen auf Entdeckungstour

Stern-Spiel

Für dieses Bewegungsspiel braucht es noch ausreichend Helligkeit. Die Gruppe steht in einem großen Kreis. Alle fassen sich an den Händen. Ein Kind wird zum Stern über Bethlehem ernannt. Es verlässt den Kreis und läuft um ihn herum. An einer Stelle durchtrennt es mit beiden Händen den Kreis. Die beiden Personen, deren Hände gelöst wurden, laufen links und rechts um den Kreis herum. Der „Stern“ reiht sich wieder in den Kreis ein und fasst auf der einen Seite die Hand der nebenstehenden Person. Auf der anderen Seite bleibt der Kreis offen. Wer als erste*r den eigenen Platz erreicht, reiht sich ebenfalls ein und schließt den Kreis. Die zweite Person wird nun zum neuen Stern von Bethlehem. Bei einer großen Gruppe können auch zwei Kreise gebildet werden, damit die Kinder häufiger in Bewegung kommen.

Inspiriert vom Spiel „Sternschnuppe“ aus „In der Schöpfung klingt ein Lied“

Wo fühle ich mich noch wohl?

Die Kinder werden zu einem Experiment eingeladen.
Die Teamer*innen verteilen sich mit leuchtenden Laternen im Randbereich des Geländes. Auf ein Klangzeichen hin gehen die Kinder allein (oder maximal zu zweit) und still vom Kreis aus langsam in die Dunkelheit. Es geht darum zu erspüren, wie lange es sich für sie noch wohl, behaglich und sicher anfühlt, wenn sie sich in die Dunkelheit hinein und mit Entfernung zu den anderen Menschen bewegen. Ermutigt die Kinder, am dun-

kelsten Ort zu verweilen. Vielleicht mögen sie sich hinsetzen oder sogar hinlegen und in den dunklen Himmel hinaufschauen. Ein Klangzeichen holt alle zurück an den Kreis.

Bei dieser Entdeckungstour ist eine anschließende aufmerksame Erzählrunde besonders wichtig (s. u.).

11. Wir singen ein Lied
Nun leuchten 1000 Kerzen auf (siehe S. 156 für mehr Informationen)

12. Wir teilen unsere Erlebnisse – im Erzählkreis oder in kleinen Erzählgruppen

13. Wir singen ein Lied
Ich glaube, dass Gott mich geschaffen hat (siehe Noten S. 36)

Optional bei einem längeren Gottesdienst:
Wir essen und trinken gemeinsam

Wir gehen wieder auf Entdeckungstour

Friedenslicht
*Ihr erzählt ausführlicher vom Weg des Friedenslichtes aus Bethlehem und dem Engagement der Pfadfinder*innen in den verschiedenen Ländern, damit das Friedenslicht zum 3. Advent in den Gemeinden übergeben und weiterverteilt werden kann. Informationen findest du auf friedenslicht.de. Dort werden auch die Übergabe-Orte in deiner Region veröffentlicht.*

Himmelskörper durch ein Teleskop betrachten
*Ladet Hobby-Astronom*innen zum Gottesdienst ein, die den Kindern mit ihren Teleskopen einige Sternbilder, Planeten oder den Mond entdecken lassen können.*

Wir singen ein Lied
Wir teilen wieder unsere Erlebnisse
Wir singen ein Lied

14. Wir werden aktiv („wie eine Kollekte“)

Jedes Kind entzündet eine Kerze am Friedenslicht, die es anschließend mitnehmen darf. Es überlegt sich, wohin es die Kerze tragen möchte. Wohin möchte ich das fröhlich leuchtende Licht von der Krippe tragen? Welcher Mensch, welcher Ort würde sich über dieses Licht freuen? Wem würde dieses Licht neuen Mut geben?

15. Wir beten miteinander und füreinander

Danke Gott,
bei dir ist die Dunkelheit nicht wirklich dunkel.
Deine Liebe leuchtet in mir und macht meinen Weg wieder hell,
wenn ich mal im Dunkeln tappe.

Mit Jesus ist ein helles Licht in unserer Welt aufgegangen,
ein wunderschöner Stern.

Danke Gott,
du hast Jesus und seine Familie beschützt
und Jesus konnte groß und stark werden.
Bitte schütze so alle Familien, alle Menschen, die vor Bedrohung flüchten müssen.
Sei ihnen das helle liebevolle Licht, das Schutz und Frieden schenkt.
Amen.

Wir beten das Jesusgebet – mit Bewegungen (siehe S. 47–48)

 **16. Wir singen ein Lied**

Tragt in die Welt nun ein Licht (siehe S. 156 für mehr Informationen)

17. Wir werden gesegnet

Lichtsegen

Wir halten die Kerze im Glas mit beiden Händen vor den Körper:

Gott, segne mich mit deinem Frieden,
mit dem Licht in rechter Hand einen großen vertikalen Kreis vor dem Körper beschreiben (Rad)

der weite Himmel über mir,
Kerze über den Kopf

die stille Erde unter mir,
Kerze nach unten (vertikale Kreuzachse)

ein Engel zu meiner Rechten,
Kerze nach rechts, Hand wechseln (horizontale Kreuzachse)

ein Engel zu meiner Linken
Kerze nach links

und Licht in meinem Herzen.
Kerze mit beiden Händen vor dem Herzen halten
Amen.

Quelle unbekannt

18. Wir verlassen den Kreis

19. Wir lösen die Kreise und Mitte auf

20. Wir löschen die Kerze und verabschieden uns

Materialien für die biblische Geschichte

- 1 „Familien-Laterne“ (A) mit 1 kleinen Kerze (Jesus), 2 große Kerzen (Maria, Josef)
- 1 Königskerze (Herodes) (B)
- 1 Stern-Laterne (mit Haltestab) (C) – besonders atmosphärisch ist eine selbstgebastelte Laterne mit Sternen (sie wird die gesamte Zeit hoch über der Szenerie bewegt und gehalten)
- 1 Sterndeuter-Laterne (D) mit 3 gleichgroßen Kerzen
- 2 Wunderkerzen
- lange Streichhölzer oder Stabfeuerzeuge
- mehrere Leselampen mit mildem Licht (z. B. E-Kerze)

Material für Friedenslicht

- *Friedenslicht in einer Laterne*

Material für Lichtsegen

- für jedes Kind ein Teelicht im Marmeladenglas

Januar

Von Sandkörnern und Sternenfeuer (Genesis 12,1-3; 15,1-6; 18,1-15; 21,1-7)

Januar – mit dem Feuerwerk zu Silvester verabschiedet sich die lichtvolle Zeit von Advent und Weihnachten zusehends. Einige Menschen lassen die weihnachtliche Dekoration und Beleuchtung bis Epiphanias (6. Januar), wenige bis zum Ende des Weihnachtsfestkreises am „Fest der Darstellung des Herrn" (2. Februar) hängen. Nach der winterlichen Sonnenwende kurz vor Weihnachten kommt die Dunkelheit im Januar nun ganz zur Geltung. Können wir noch erahnen, wie herausfordernd diese Zeit für unsere Vorfahren gewesen sein muss, als es noch kein Gas- oder elektrisches Licht gab?

In diesem Gottesdienst kommen wir – wenn irgend möglich – für die biblische Erzählung am Feuer zusammen. Das Feuer war für die Vorfahren lebenswichtig, war Ort der Wärme, des Lichtes und der sicheren Gemeinschaft, ein Ort für Neuigkeiten und für uralte Erzählungen aus früher Zeit.
Die Erzählung vom Segen Gottes für Abrahams Familie werden wir am Feuer hören. Segen, der auch für die Kinder am Anfang des neuen Jahres Ermutigung und Zuversicht bedeutet: „Ich bin gesegnet und werde ein Segen sein."

Zum Feuermachen in der Natur

Bitte klärt ab, ob ein Lagerfeuer an dem Ort erlaubt ist, an dem ihr Gottesdienst feiern wollt. Auch im Wald ist durchaus ein Feuer in einer Feuerschale möglich, aber auch da: bitte vorher abklären. Grundsätzlich sind Trockenheit und Windstärke zu beachten.

Vorbereitung

Eine Feuerschale mit einem Durchmesser von 40–50 cm ist groß genug. Alternativ kann eine alte PKW-Stahlfelge (einfach mal in der Werkstatt eures Vertrauens fragen) auf drei Backsteine gesetzt werden. Um den Boden zu schützen, sollten unterhalb der Feuerschale Rasensoden abgestochen und zur Seite gelegt werden. Das lässt sich vor dem Gottesdienst vorbereiten. Die Soden bleiben zunächst liegen und werden erst während des Gottesdienstes weit genug weggelegt, später werden sie zurückgelegt und festgetreten.
Im Wald wird die oberste Laubschicht weiträumig bis auf den feuchten Boden entfernt und im Anschluss an den Gottesdienst zurück verteilt.

Eine Person im Team ist Feuerhüter*in und kümmert sich im und nach dem Gottesdienst um das Feuer. Eine zweite Person ist Feuerwächter*in und achtet darauf, dass alle genug Abstand zum Feuer halten, gerade auch bei den Spielen und bewegten Aktivitäten. Das Feuer gegen Ende des Gottesdienstes herunterbrennen lassen und später mit viel Wasser ablöschen. Die restliche Asche kann vergraben werden.

Mit trockenen Birkenrinden-Spänen, Kiefernzapfen und Holzwolle wird das Feuer entzündet, dünne Holzscheite werden aufgelegt und danach dickere Holzscheite. Auch sie sollten gut abgetrocknet sein.

1. Das Team bereitet den Platz vor

2. Das Team begrüßt die Kinder (und Erwachsenen), sammelt sie im Kreis und verteilt liturgische Texte zum verteilten Lesen

3. Wir gestalten gemeinsam die Mitte (siehe S. 32–34)

4. Wir stellen uns einander vor und treten über die Schwelle in unseren Kirchraum auf Zeit
Sage uns und den Wesen an diesem Platz deinen Namen und erzähle uns: Wann hast du das letzte Mal ein Feuer gemacht?

5. Wir hören das Votum und entzünden die Kerze

Votum (Gottesdienst Dezember, siehe S. 133)

 6. Wir singen ein Lied

Ich hüll' dich golden ein (siehe S. 156 für mehr Informationen)

Bei diesem Lied kann ein*e Teamer*in mit einem goldfarbenen (Hula-Hoop-)Reifen von Kind zu Kind gehen und den Reifen einmal von oben über den Kopf bis auf Herzhöhe heben. Der Kanon wird so lange gesungen, bis alle einmal eingehüllt wurden.

 7. Wir erleben einen Psalm (nach Psalm 147)

Alle: Glücklich und dankbar singe ich dir mein Loblied, Gott.

Du hast mein verwundetes Herz geheilt
und mir neue Kraft gegeben.
Immer warst du für mich da.

Alle: Glücklich und dankbar singe ich dir mein Loblied, Gott.

Du kennst jeden Stern am Nachthimmel
und alle deine Geschöpfe,
die so zahlreich sind wie die Sandkörner am Boden.

Alle: Glücklich und dankbar singe ich dir mein Loblied, Gott.

Du setzt nicht auf Stärke oder Größe.
Du bist in jedem Wesen mächtig
und gibst jedem Kind deinen Segen.

Alle: Glücklich und dankbar singe ich dir mein Loblied, Gott.
Amen.

8. Wir hören die biblische Geschichte und teilen unsere Ideen

Wir machen jetzt ein Feuer. Das brauchen wir für uns, weil es kalt ist und für unsere Geschichte aus der Bibel. ... *Pause* ...

Lasst uns eine alte Geschichte hören. Die alten Geschichten wurden am Feuer erzählt. Wenn sich am Ende des Tages alle am Feuer zusammenfanden. Die Jungen wollten davon erzählt bekommen, was die Älteren oder die Vorfahren in früheren Zeiten erlebt hatten. Bis zurück in die weiteste Vergangenheit.

Es gab keine Technik, wie wir sie heute kennen – kein Smart-TV, keine Tablets oder Smartphones, keine Filme oder Serien.

Es gab das Feuer, das auch Schutz in der dunklen Zeit bedeutet. Hier am Feuer bist du sicher! Dies gilt auch heute für uns: Hier am Feuer sind wir sicher!

Also, lasst euch nieder und hört eine Geschichte von damals. ... *Pause* ...

Sara wiegt Isaak, ihr erstes Kind, in ihren Armen. Sie hat Isaak vor wenigen Wochen zur Welt gebracht. Er schläft und sieht ganz friedvoll aus. „Alles ist gut“, denkt Sara bei diesem wunderbaren Anblick.
Abraham sitzt neben ihr am Lagerfeuer. Er legt seinen Arm um Sara und streichelt mit der anderen Hand das Gesicht seines Sohns. Er ist glücklich. Beide haben die Geburt gut überstanden.

Plötzlich platzt es aus Sara heraus: „Ich könnte seine Oma sein. Ach was, seine Uroma sogar! Das Leben ist verrückt, Abraham. Gott ist verrückt! Noch vor einem Jahr habe ich es nicht glauben können: Ich? Noch ein Kind in meinem Alter? Das ist doch unmöglich! Aber Gott hat mich wirklich eines Besseren belehrt“, lacht Sara und küsst ihrem schlafenden Sohn auf die Stirn.

„Mich auch, mich auch!“, sagt Abraham lachend und legt sachte seine Hand an Isaaks Köpfchen. „Du bist wirklich ein Segen, mein Kind!“

Segen – das Wort klingt in ihren Ohren. Abraham fühlt den Sand zwischen seinen nackten Zehen und Sara schaut hinauf in den Nachthimmel. Die Sterne schillern in der klaren Luft.

Wie aus einem Mund sagen beide: „Weißt du noch, was Gott damals versprochen hat?“ Wieder müssen beiden lachen. Natürlich, so etwas kann man nicht vergessen! Abraham lässt den Sand durch seine Finger rieseln. „Auch wenn es so viele Jahre her ist, ich erinnere mich noch genau. Ich hörte plötzlich diese Stimme klar und deutlich in mir. Gott sagte zu mir: ‚Geh, verlass dein Zuhause. Mach dich auf den Weg in ein Land, das ich dir zeigen werde. Ich verspreche dir: Ich werde dich segnen mit einem reichen Leben und mit Nachkommen wie Sandkörner in der Wüste.‘“

Sara sagt: „Ja, und dann viele Jahre später waren wir so weit gezogen, hatten Land und Besitz. Doch ich hatte immer noch kein Kind bekommen. Wir hatten schon fast das Vertrauen in Gottes Versprechen verloren.“ Sara schaut wieder in den Nachthimmel. „Da hörtest du wieder diese Stimme: ‚Zähle die Sterne, wenn du kannst. So zahlreich werden deine Nachkommen sein. Vertrau mir, Abraham.‘“

„Und wir beide haben Gott neu vertraut“, Abraham macht eine kurze Pause, „so gut wir konnten.“

„Ja, stimmt. So gut wir konnten, haben wir Gott vertraut“, sagt Sara kleinlaut. Sie streicht dem kleinen Isaak sanft übers Gesicht. „Weißt du, wir haben in all den Jahren so viel Gutes erlebt, sind so vielen Menschen begegnet, die es gut mit uns meinten. Unsere Viehherden haben uns viel Reichtum beschert. In all dem habe ich uns alle von Gott reich gesegnet erlebt. Und trotzdem, dass ich in dieser ganzen Zeit ohne Kind blieb, hat sehr an meinem Vertrauen genagt.
Doch nun liegt dieses Kind in meinem Arm. Und alles ist gut. Gott sei Dank!“

Da öffnet Isaak die kleinen Augen und lächelt den Eltern entgegen. Abraham lächelt auch und sagt zärtlich: „Isaak, du bist gesegnet und du wirst ein Segen sein für diese Welt!" „Möge dein Stern hell scheinen und viele andere Sterne zum Leuchten bringen!", sagt Sara.

Ihre Blicke wandern zum Feuer und mit den fliegenden Funken hinauf zum weiten Sternenhimmel.

Ich danke Sara, Abraham und Isaak für ihre Geschichte, die sie mit uns am Feuer geteilt haben. Und ich danke den Menschen, die diese Geschichte für uns in der Bibel aufbewahrt haben.

Es schließt sich ein Gespräch mit den Kindern über die Geschichte an, z. B. mit den Impulsfragen von S. 39–40.

9. Wir sind Gäste an diesem Ort (siehe S. 40)

10. Wir gehen auf Entdeckungstour

Sternschnuppen-Jagd

In der Winterkälte sind Bewegungsspiele als Entdeckungstouren wichtig und machen Spaß. Dieses Spiel ist auch als „Drachenschwanzjagd" bekannt. Es gibt verschiedene mögliche Varianten, je nachdem, wie sehr die Kinder in Bewegung kommen sollen.

Variante A: Die Kinder stehen in einer Kette hintereinander und bilden zusammen die Sternschnuppe. Sie fassen die vor ihnen stehende Person an den Hüften oder Schultern. Die hinterste Person bildet das Ende des Schweifs und trägt ein ca. 50 x 15 cm langes Stück Stoff an sich gesteckt (Jackentasche, Jackenkragen oder Hosenbund). Die vorderste Person ist der Stern. Sie versucht, den Schweif der Sternschnuppe zu erreichen und die Schweifspitze (das Stoffstück) zu greifen. Gelingt es ihr, rückt die hinterste Person ganz nach vorne und wird zum Stern. Und die Jagd beginnt erneut.

Variante B: Ihr spielt mit mehreren Sternschnuppen, die versuchen, sich gegenseitig die Schweifspitzen abzujagen.

Variante C: Am Anfang ist jedes Kind eine einzelne Sternschnuppe und versucht, den anderen Sternschnuppen die Schweifspitze zu klauen. Gelingt es, sind die zwei zusammen eine Sternschnuppe und jagen gemeinsam weiter. So bleiben alle Kinder am Spiel beteiligt. Die Sternschnuppen werden somit immer länger, bis am Ende eine einzige, sehr lange Sternschnuppe übrigbleibt.

Astronomische Entdeckungen

Die Stiftung Planetarium Berlin bietet in ihren Bildungs- und Bastelmaterialien eine drehbare Sternkarte zum Download an, mit der die Kinder einen ersten astronomischen Blick in den Abendhimmel werfen und einige Sternbilder entdecken können. Einfach abtippen oder im Web suchen: www.planetarium.berlin/bildung/bildungsmaterialien

Für eine Sternkarte braucht es zwei Ausdrucke auf 160 g Papier, eine Schere und einen Klebestift. Das Schneiden, Falten und Kleben sollte bei trockenem Wetter draußen machbar sein.
Um mit der Sternkarte in der Dunkelheit zu arbeiten, ist noch eine Taschen- oder Stirnlampe nötig.

Sternbild-Postkarte zum Durchschauen

Auf dunkelblauem Tonkarton in Postkartengröße zeichnet ihr vorab unterschiedliche Sternbilder wie z. B. Kassiopeia, Großer Bär, Kleiner Bär oder Orion. Der Name des Sternbildes wird mit weißem Bunt- oder Lackstift auf die Karte geschrieben.
Die Kinder durchstechen die Sternpunkte mit einer Prickelnadel oder mit der kleinsten Stanze einer Lochzange. Die Linien zwischen den Sternen zeichnen sie mit einem weißen Bunt- oder Lackstift nach.
Gegen das Licht gehalten, „leuchtet" das Sternbild den Betrachtenden entgegen.

11. Wir singen ein Lied
Wünsche schicken wir wie Sterne (siehe S. 156 für mehr Informationen)

12. Wir teilen unsere Erlebnisse – im Erzählkreis oder in kleinen Erzählgruppen

13. Wir singen ein Lied
Ich glaube, dass Gott mich geschaffen hat (siehe Noten S. 36)

Optional bei einem längeren Gottesdienst:
Wir essen und trinken gemeinsam
Stockbrot oder Marshmallows am Feuer

Wir gehen wieder auf Entdeckungstour

Winter-Landart mit Schnee oder Eis
Vielleicht liegt Schnee und schenkt euch für den Gottesdienst eine ganz besondere Atmosphäre.
Landart ist eine vergängliche Kunst des Augenblicks in der Natur. Die Vergänglichkeit wird gerade im Winter deutlich, wenn aus Schnee oder Eis ein Kunstwerk entsteht, das schon im Sonnenschein beginnt zu schmelzen.

Inspirierende Bilder findest du im Internet, wenn du die Stichworte „Landart Winter“ eingibst.
Was immer geht: Schnee-Engel

Wir singen ein Lied
Wir teilen wieder unsere Erlebnisse
Wir singen ein Lied

14. Wir werden aktiv („wie eine Kollekte“)

„Ich will dich segnen und du wirst ein Segen sein.“ Das waren Gottes Worte für Abraham, Sara und Isaak und ihre ganze große Familie.. Und es sind Worte für uns alle. Gott segnet uns und macht uns Mut, selbst Segen zu sein. Wir können selbst beitragen, damit das Leben der anderen um uns herum gelingt. Wie willst du in der kommenden Zeit Segen sein. Und für wen?

 **15. Wir beten miteinander und füreinander**

Gebet (Gottesdienst Dezember, siehe S. 141)

Wir beten das Jesusgebet – mit Bewegungen (siehe S. 47–48)

 **16. Wir singen ein Lied.**
Segen, Gottes guter Segen (siehe S. 156 für mehr Informationen)

17. Wir werden gesegnet.

Lichtsegen (siehe S. 142)

18. Wir verlassen den Kreis

19. Wir lösen die Kreise und Mitte auf

20. Wir löschen die Kerze und verabschieden uns

Materialien für Feuer

- Feuerschale (40–50 cm Durchmesser) oder alte PKW-Stahlfelge (und 3 Backsteine)
- Schaufeln zum Herausstechen von Rasensoden
- trockenes Anzündmaterial (s. o.), dünne und dicke Holzscheite

Material für Sternschnuppenjagd

- Stoffstreifen (50 x 15 cm) für Sternschnuppenjagd

Material für astronomische Entdeckungen

- je 2 Ausdrucke auf 160 g Papier
- Schere und Klebestift
- evtl. Taschen- oder Stirnlampe

Material für Sternbild-Postkarte

- dunkelblauer Tonkarton in Postkartengröße
- weiße Bund- oder Lackstifte
- Prickelnadel oder Lochzange

Materialien für gemeinsames Essen und Trinken

- *Stöcke*
- *Stockbrotteig oder Marshmallows*

5. Gottesdienste zum Download

Hier könnt ihr für die weiteren Monate mittels des folgenden QR-Codes auf die hier nicht abgedruckten Gottesdienste zugreifen. Die Inhaltsangaben findet ihr auf der Webseite durch die Verwendung des QR-Codes.

- **Mai** Dem Himmel so nah (Lukas 24, 44-53)
- **August** Mirjam, Mose und das Wasser (Exodus 2, 1-10)
- **November** Stürmische Zeiten (Markus 4, 35-41)
- **Februar** Endlich geht die Sonne auf (Genesis 32, 23-33)

Lieder

- Das wünsch ich sehr, T: Kurt Rose, M: Detlef Jöcker, Menschenkinder Verlag und Vertrieb GmbH
- Dass die Liebe Gottes mit uns ist, T/M: Enoch Sontonga, Dt. T: Eckart Bücken, Mus. Bearbeitung: Reinhard Horn, Kontakte Musikverlag
- Die Flüsse, sie fließen, T: Unmada Manfred Kindel, M: überliefert
- Ein Segen (Einen Mund, ein gutes Wort zu sprechen), T: Arndt Büssing, M: Reinhard Horn, T: Rechte beim Autor, M: Kontakte Musikverlag
- Für das Licht und für die Erde, T/M: Margarete Jäkel, alle Rechte bei der Autorin
- Geh mit mir, damit es wahr wird, T/M: Margarete Jehn, Autorenverlag Worpsweder Musikwerkstatt
- Geht einer auf den andern zu, T: Rolf Krenzer, M: Reinhard Horn, Kontakte Musikverlag

- Gottes Welt, ein großer Garten, T/M: Siegfried Macht, Strube Verlag, München
- Ich glaube, dass Gott mich geschaffen hat, T: Martin Luther, M: Siegfried Macht, Strube Verlag, München
- Ich hüll' dich golden ein, T/M: Thomas Brunnhuber, Religionspädagogische Arbeitshilfen GmbH, Landshut
- Ich schenk dir einen Regenbogen, T/M: Dorothée Kreusch-Jacob, Musicjustmusic GmbH
- In der Mitte der Nacht, T: Sybille Fritsch, M: Fritz Baltruweit, tdv Verlag
- Lasst euch anstiften zur Freude, T: Rolf Krenzer, M: Detlef Jöcker, Menschenkinder Verlag und Vertrieb GmbH
- Mit allen Wassern gewaschen, T/M: Dietmar Fischenich, Strube Verlag
- Mit Liebe uns umhülle, T: Ulrich Walter, M: Reinhard Horn, Kontakte Musikverlag
- Nun leuchten 1000 Kerzen auf, T: Barbara Fischer, M: Emmy Köhler, Carus Verlag
- Schnee schmilzt, T: Eugen Eckert, M. Winfried Heurich, Strube Verlag
- Segen, Gottes guter Segen, Weltgebetstag-Segenslied für Kinder
- Singe laut und wild, T/M: Ursula Starke
- So groß wie ein Baum, T: Reinhard Feuersträter, M: Reinhard Horn
- Tragt in die Welt nun ein Licht, T/M: Wolfgang Longardt, Verlag Ernst Kaufmann
- Trau dir was zu!, T/M: Tanja Tahmassebi-Hack, Zauberkürbis Musikproduktion
- Was wir zum Leben brauchen, T: Hans-Jürgen Netz, M: Reinhard Horn, Kontakte Musikverlag
- Wasser ist Leben, T: Reinhard Bäcker, Musik: Detlev Jöcker, Menschenkinder Verlag und Vertrieb GmbH
- Weißt du, wo der Himmel ist?, T/M: Ludger Edelkötter, Kimu Kinder Musik Verlag GmbH
- Wie groß ist Gottes Liebe?, T: Rolf Krenzer, M: Detlef Jöcker, Menschenkinder Verlag und Vertrieb GmbH
- Wir fangen an fröhlich zu sein, T: Rolf Krenzer, M: Detlef Jöcker, Menschenkinder Verlag und Vertrieb GmbH
- Wo die Liebe wohnt, T: Eugen Eckert, M: Alejandro Veciana, Strube Verlag
- Wünsche schicken wir wie Sterne, T: Eckart Bücken, M: Reinhard Horn

Materialien für Gottesdienst mit Kindern draußen

- Wegweiser zum Feier-Ort
- Sitzkissen
- Gong
- Laterne mit Kerze
- Streichhölzer
- Rede-Gegenstand
- Material zum jeweiligen Thema
- wasserdichte Transportkisten
- einige kleine Müllbeutel
- Toilettenpapier im Plastikbeutel
- Handschaufel
- alte Gästehandtücher
- Handdesinfektionsmittel
- Bollerwagen
- DIN-A3-Liedermappe mit laminierten Lied-Plakaten
- Abdeckplane für Material
- Erste-Hilfe-Set und Zeckenzange
- Trillerpfeifen

Quellen

- Bastelbogen drehbare Sternkarte, https://www.planetarium.berlin/bildung/bildungsmaterialien, aufgerufen: 30.03.2024
- Bäume „trinken" hören – das geht!, https://kitakram.de/baeume-trinken-hoeren-das-geht/, aufgerufen: 30.03.2024
- Beingeschichten, https://kindergottesdienst-ekd.de/2020/12/beingeschichten/, aufgerufen: 30.03.2024
- Ein Königreich für die Zukunft. Energie erleben durch das Kindergartenjahr, Förderverein NaturGut Ophoven e.V. (Hg.), Leverkusen
- Erzählen mit allen Sinnen, Rheinischer Landesverband für Kindergottesdienst (Hrsg.), Verlag Junge Gemeinde, Leinfelden-Echterdingen, 2004
- Gott im Spiel – Vertiefungsgeschichten zum Alten Testament, Calwer Verlag, Stuttgart, 2018

- Im Wunderland der Phantasie, Kinder ohne Stress, Bd. 2, Klaus Vopel, Iskopress, Salzhausen, 1994
- In der Schöpfung klingt ein Lied, Regina Ebert, Lahn Verlag, Limburg-Kevelaer, 2002
- Keimung, https://de.wikipedia.org/wiki/Keimung, aufgerufen: 30.03.2024
- Kinder, die die Welt verändern, Yann Arthus-Bertrand und Anne Jankéliowitch, Gabriel Verlag, Stuttgart, 2014
- Möge Heilung geschehen!, Amei Helm, Labyrinth Verlag, Hildesheim
- Seifenblasenpulver, https://kidz-media.de, aufgerufen: 30.03.2024
- Superfood Bibelgeschichten, Natalie Ende und Lisa Neuhaus, Zentrum für Verkündigung der EKHN, Frankfurt am Main
- Ta'kaiya Blaney, Interview, https://www.culturalsurvival.org/publications/cultural-survival-quarterly/use-your-voice-takaiya-blaney-speaks-and-sings-her-hope, aufgerufen: 10.03.2024
- Ta'kaiya Blaney, Shallow Waters, https://www.youtube.com/watch?v=DEj25xY5YJo, aufgerufen: 10.03.2024
- Ta'kaiya Blaney, Earth Revolution, https://www.youtube.com/watch?v=l9tTdy4OnQs, aufgerufen: 10.03.2024
- Trotzkraft, Christina Brudereck, 2Flügel Verlag, Essen, 2021
- Was wird aus uns? Nachdenken über die Natur, Antje Damm, Moritz Verlag, Frankfurt am Main, 2. Auflage, 2021
- Wurzeln und Flügel – Wie spirituelle Erziehung für das Leben stärkt, Anton Bucher, Patmos Verlag, Düsseldorf, 2007

Verwendete Bibeln

- Alle Kinder Bibel, 2023
- Basisbibel, 2021
- Bibel in gerechter Sprache (BigS), 2006
- Gütersloher Erzählbibel, 2004
- Lutherbibel, 2017

Fotoangaben

Cover: German S /Shutterstock.com, S. 3: MIA Studio, Adobe Stock, 474454025, stock.adobe.com, S. 11: @mrsiraphol, freepik.com, S. 13: Eva Brunken, S. 15: Markus Löwe, S. 20: Eva Brunken, S. 25 links: @lookstudio, freepik.com, S. 25 rechts: @freepik, freepik.com, S. 27: denys_kuvaiev, Adobe Stock, 38127587, stock.adobe.com, S. 33, 51, 52, 67: Eva Brunken, S. 73: Markus Löwe, S. 74, 79, 92: Eva Brunken, S. 99: @freepik, freepik.com, S. 105: Marzanna Syncerz, Adobe Stock, 2614106, stock.adobe.com, S. 118, 126: Annegret Warnecke, S. 131: Eva Brunken, S. 135: Karin Riedel (Skizze), S. 144: wirestock, freepik.com, S. 160: Lucas Söker

Bibelstellenregister

Infos über die Autorin

Eva Brunken, Jahrgang 1973, verheiratet, Diakonin, Ritualbegleiterin in der Natur sowie Visionssucheleiterin und Heilpraktikerin für Psychotherapie, über 20 Jahre Erfahrung in der kirchlichen Arbeit mit Kindern und Jugendlichen, u. a. als Beauftragte für Kindergottesdienst in der Ev.-Luth. Kirche in Oldenburg, ehrenamtlich in zwei Kirchengemeinden aktiv – mit Kindern und Konfirmand*innen. Kontakt: natur.brunken@posteo.de